Hermann Winterer

DIE RECHTLICHE STELLUNG DER BASTARDE IN ITALIEN VON 800 BIS 1500

MÜNCHENER BEITRÄGE
ZUR MEDIÄVISTIK UND RENAISSANCE-FORSCHUNG

28

HERMANN WINTERER

Die rechtliche Stellung der Bastarde in Italien von 800 bis 1500

1978
Bei der Arbeo-Gesellschaft
München

ISBN 3-920128-29-X

Schriftenreihe der Arbeo-Gesellschaft
Geschäftsstelle: D-8061 Bachenhausen

Druck: Rolf Gremer, D-8729 Ebelsbach

INHALTSVERZEICHNIS

EINLEITUNG

Das Recht des unehelichen Kindes spielt eine bedeutende Rolle in der Rechtsgeschichte, besonders im Hinblick auf die soziale Stellung in der Gesellschaft. Von der Kirche teils verurteilt, teils geduldet, von der weltlichen Gesetzgebung ebenso verschieden beurteilt, ist das Los des Bastards sehr wechselvoll gewesen. Besonders in Italien, das durch die Invasionen der Germanen, Byzantiner, Franken, Sarazenen und anderer Völker im Mittelalter nie zu einer territorialen Einheit gelangte, ist dieses der Fall. Das karolingische und das deutsche Imperium umfaßten immer nur Nord- und Mittelitalien, wobei der Kirchenstaat eine gewisse Unabhängigkeit behauptete. Der Süden und die Inseln hatte ihre eigene Entwicklung. So ist denn die Frage nach der Stellung und dem Recht des unehelichen Kindes in dem Zeitraum von ca. 774-1500 in Italien sehr verschieden zu beantworten und entbehrt einer einheitlichen Linie bei den sich dauernd verschiebenden Machtverhältnissen. Umso mehr erscheint es angezeigt, die verschiedenen Rechtsquellen, aus denen sich das öffentliche und zivile Recht der Bastarde ableitete, kurz zu besprechen, ehe in die eigentliche Erörterung eingetreten wird.

I. KAPITEL

DIE ALLGEMEINE ENTWICKLUNG DES ITALIENISCHEN PRIVATRECHTES

Im allgemeinen kann man in Italien drei verschiedene Rechtsgebiete unterscheiden:

1. Oberitalien
2. Mittelitalien — mit dem Kirchenstaat —
3. Der Süden nebst den Inseln Corsica, Sardinien und Sizilien.

Oberitalien mit Ausnahme von Venedig bildete seit 774 bzw. 962 einen Bestandteil des fränkischen bzw. des deutschen Kaiserreichs, der allerdings nur in loser Beziehung zu diesen stand; die kaiserliche Gesetzgebung betätigte sich mehr auf dem Gebiet des öffentlichen Rechtes. So entwickelte sich im Laufe der Zeit das kommunale Recht der Consuetudines und Statuten. Es wurde abgelöst durch die Gesetzgebung der Visconti und Sforza in Mailand, der Gonzaga in Mantua, der Este in Ferrara und der Montefeltro in Urbino, während Savoyen und Monferrat von altersher unmittelbare kaiserliche Lehen waren [1].

---

[1] Vgl. für Savoyen: Francesco Schupfer, Manuale di Storia del diritto italiano: le fonti (1895); künftig: Schupfer, Manuale; Antonio Pertile, Storia del diritto italiano dalla caduta dell'impero Romano alla codificazione (1873-84) zitiert nach dem Nachdruck 1965 ff.; 1, 1 S. 290 ff. und 2, 2 S. 181 ff.; künftig: Pertile, Storia; ferner Helmut Coing, Handbuch der Quellen und Literatur der neueren europäischen Privatrechtsgeschichte, erster Band:

I. Die Rechtsentwicklung und die Rechtsquellen in Ober- und Mittelitalien

1. *Das römische Recht und seine Fortdauer*

Bei Beginn der Völkerwanderung war in Italien der Codex Theodosianus in Kraft, der durch die justinianische Gesetzgebung abgelöst wurde. Nach Einbruch der Langobarden entwickelten diese sehr bald eine germanisch beeinflußte Gesetzgebung. Allerdings blieb die römische Gesetzgebung für die einheimische Bevölkerung in Kraft; man kann von einem Nebeneinander beider Gesetze reden [2]. Dazu kam der vermittelnde Einfluß der Kirche, welche in ihrem Bereich das römische Recht weiter anwendete. Die fränkische Eroberung 774 und die Kaiserkrönung Karls des Großen 800 änderten nichts an diesem Rechtszustande, da ja mit dem Frankenreich nur eine Personalunion bestand.

Die neuerstandene Rechtsschule von Pavia förderte die weitere Gesetzentwicklung; besonders die Expositio zum Edikt Rotharis bezog sich auch häufig auf die justinianische Gesetzgebung; sie fand allgemeine Verbreitung, wie der spätere Liber

---

Mittelalter (1100-1500) (1973) S. 429 ff. und 584 ff.; künftig: Coing, Handbuch 1.

[2] Vgl. MGH LL 4 (1868) S. 144 Liutprand c. 9 ff.; ferner Pertile, Storia 1 S. 66 ff. und 114 ff.; ferner Giuseppe Salvioli, Storia del diritto italiano (1930) S. 90 ff.; künftig: Salvioli, Storia; ferner Ludovico Antonio Muratori, Antiquitates Italicae medii Aevi 3 (1748) Diss. 43 S. 807; künftig: Muratori, Ant. Ital.

Papiensis [3]. Das römische Recht galt gewissermaßen als jus commune in Italien [4].

Die Wiederbegründung des deutschen Kaisertums bedeutete in der Folge ein Erstarken des römischen Rechtes, das durch die Universität Bologna — Erläuterung der gesamten justinianischen Gesetzgebung — und die Glossatoren mächtig gefördert wurde. Im späteren Mittelalter trat es seinen Siegeszug durch Europa an. Die einheimische Bevölkerung konnte erklären, nach welchem Rechte sie leben wollte, und ein Mandat von Konrad II. wies die römischen Richter an, nach römischem Rechte zu urteilen [5].

Literatur:

Giuseppe Salvioli, Storia del diritto italiano (1930) S. 90 ff. und S. 112 ff. (künftig: Salvioli, Storia).

Francesco Schupfer, Manuale di storia del diritto italiano (1895) S. 149 ff., 157 ff., 222 ff. und 231 ff. (künftig: Schupfer, Manuale).

Antonio Pertile, Storia del diritto italiano dalla caduta dell'impero romano alla codificazione (1873-88) zitiert Nachdruck 1965 ff., 1 S. 64, 114 ff. und 382 ff., 2, 2 S. 49 ff. (künftig: Pertile, Storia).

Enrico Besta, Fonti del diritto italiano dalla caduta dell'impero romano sino ai tempi nostri (1950) S. 54 ff. (künftig: Besta, Fonti).

Helmut Coing, Handbuch der Quellen und Literatur der neueren europäischen Privatrechtsgeschichte 1: Mittelalter (1100-1500) (1973) S. 129 ff., 134 ff. und 261 ff. (künftig: Coing, Handbuch 1 (1973)).

F. Carl von Savigny, Geschichte des römischen Rechts im Mittelalter 1 (1834) S. 439 ff.; 3 (1834) und 4 (1850).

---

[3] Vgl. Pertile, Storia 1 S. 399; Schupfer, Manuale S. 157 und 199.

[4] Vgl. Pertile, Storia 2, 2 S. 1 ff. und 49 ff.; Salvioli, Storia S. 112 ff.

[5] Vgl. MGH Cap. 1 (1883) S. 323 Constitutio Romana a. 824 cap. 5. Volumus ut cunctus populus Romanus interrogetur, qua lege vult vivere, ut tali qua se professi fuerint vivere velle vivant; illisque denuntietur, quod hoc unusquisque sciat ...; ferner MGH Const. 1 (1893) S. 82, Mandatum de lege romana: Anweisung an die römischen Richter, nach römischem Recht zu urteilen.

MGH Cap. 1 (1883) S. 322 ff. Nr. 61 Constitutio romana a. 824 cap. 5.
Ludovico Antonio Muratori, Antiquitates Italicae medii aevi 2 (1739) S. 233 ff. Diss. XXII und 3 (1740) S. 807 ff. Diss. XLIII, (künftig: Muratori Ant. Ital.).
Ugo Gualazzini, L'insegnamento del diritto in Italia durante l'alto medioevo (1974) IRMAE.
Fernand de Visscher, Die Zeit vor Irnerius, in: Ius Romanum Medii Aevi I, 1 a-d (1961).

2. *Geschichte des langobardischen Rechtes nach der fränkischen Eroberung (774)*

Im Gegensatz zu den vielen Rechten, die in Italien infolge des Personalitätsprinzips und den damit verbundenen politischen Änderungen galten, konnte sich das langobardische Recht in Oberitalien ungefähr bis ins 12. Jahrhundert, in Mittel- und Süditalien und Sizilien sogar noch länger halten [6].

Dazu trug weitgehend die Schule von Pavia bei [7], welche die langobardische Gesetzgebung durch den Liber Papiensis und die Expositio allerdings in Anlehnung an das römische Recht interpretierte und ein Gegengewicht zum römischen Recht bildete [8]. Auch in den langobardischen unabhängig gebliebenen Fürstentümern von Spoleto, Benevent, Capua, ferner in Montecassino und Bari blieb der Edictus in Kraft und wurde zeitgemäß ergänzt [9]. In den Konstitutionen von Friedrich II. wurde es als

---

[6] Vgl. Pertile, Storia 2, 2 S. 63 ff. § 64 Diritto Longobardo, insbes. S. 65 Anm. 16-19.

[7] Vgl. Pertile, Storia 1 S. 399.

[8] Vgl. Schupfer, Manuale S. 232 ff.

[9] Vgl. Pertile, Storia 2, 2 S. 63 ff.

subsidiäres Recht anerkannt [10] und später sogar noch von Carolus de Tocco eingehend kommentiert [11]. Auch in den consuetudines und der Statutargesetzgebung findet man bis ca. 1400 noch häufig Hinweise auf das langobardische Recht [12]. Dagegen bilden die libri-consuetudines feudorum, welche die Lehensgesetze der deutschen Kaiser von Konrad II. ab mit den Erläuterungen der Rechtsschulen von Pavia und Bologna wiedergaben, eine sehr wesentliche Rechtsquelle für Italien mit langobardischem Einschlag [13].

Literatur:

Schupfer, Manuale S. 94 ff. und 199 ff.

Carl v. Savigny, Geschichte des römischen Rechts im Mittelalter 2 (1834) S. 214 ff.

Pertile, Storia 1 S. 399 ff.; 2, 2 S. 63 ff.: Diritto longobardico.

Alessandro Lattes, Il diritto consuetudinario delle città lombarde (1890) S. 72.

Salvioli, Storia S. 35 ff.

---

[10] Vgl. J. L. A. Huillard-Bréholles, Historia diplomatica Friderici Secundi IV/1 (1854) S. 103, Lib. II Tit. XXXII Const. Prosequentes (künftig: Huillard-Bréholles, Hist. dipl.); ferner Pertile, Storia 2, 2 S. 66 Anm. 23-26. Vgl. ferner Hermann Dilcher, Die sizilische Gesetzgebung Kaiser Friedrichs II. (1975) S. 510 ff. Das langobardische Recht war im staufischen Königreich Sizilien unter Kaiser Friedrich II. vollgültiges Recht der „iure Langobardorum" lebenden Personen; es wurde sogar in den Konstitutionen des Kaisers als „ius commune" bezeichnet; vgl. Carlo Guido Mor, Considerazioni su qualche constituzione di Federico II, Archivio storico pugliese 26 (1973) S. 423-434.

[11] Vgl. Leges Longobardorum cum argutissimis glosis Caroli de Tocco (1964; Nachdruck der Ausgabe Venedig 1537, besorgt von Guido Astuti).

[12] Vgl. Pertile, Storia 2, 2 S. 65 Anm. 17.

[13] Vgl. Richard Schröder und Eberhard Frh. v. Kuenssberg, Deutsche Rechtsgeschichte (1932) S. 757 ff.; Pertile, Storia 2, 2 S. 96 ff.; Karl Lehmann, Das Langobardische Lehnrecht (1896).

Coing, Handbuch 1 (1973) S. 165 ff.

Jus Romanum Medii Aevi (1961 ff.) IRMAE: I 4 b (1966): Pietro Vaccari, Diritto longobardo e letteratura longobardistica intorno al diritto romano.

Max Conrat, Geschichte der Quellen und Literatur des römischen Rechtes im frühen Mittelalter 1 (1891) S. 393 ff.

Jus romanum medii aevi — IRMAE — François Ganshof, Droit romain dans les capitulaires (1969).

3. *Die Kapitulargesetzgebung*

774 wurde das Langobardenreich durch Karl d. Gr. dem fränkischen Reiche in Form einer Personalunion einverleibt. Es hatte seine eigenen Könige, Pippin, Bernhard, Lothar usw., die im Auftrage und unter Aufsicht des Frankenherrschers regierten. Im wesentlichen wurden Verwaltung und Gesetze der Langobarden beibehalten. Diese wurden ergänzt durch Kapitularien, welche öffentliches und privates Recht regelten. Sie teilten sich in capitula legibus addenda, capitula per se scribenda und capitula missorum. Zu unterscheiden sind ferner die capitula, die ausdrücklich für das Gesamtreich erlassen wurden, — capitula generalia — und die capitula italica für Italien. Letztere waren teilweise von langobardischem, römischem und kanonischem Recht beeinflußt. Diese Kapitularien wurden unter Beteiligung der Bevölkerung erlassen [14]. Eine Sammlung dieser Kapitularien fand durch den Abt Ansegis statt.

[14] Vgl. MGH Cap. 2 (1897): S. 59 ff. Capitulare Papiense a. 832: „Rex una cum consensu fidelium suorum excerpsit" und S. 312: Edictum Pistense a. 864: „Una cum fidelium nostrorum consensu atque consilio constituimus"; ferner Pertile, Storia 1 S. 243 Anm. 23.

Literatur:
Pertile, Storia 1 S. 239 ff.
Salvioli, Storia S. 41 ff.
Schupfer, Manuale S. 117 ff.
MGH Cap. Alfred Boretius, Capitularia regum Francorum 1883, 1 und 2.
Besta, Fonti S. 66 ff.
Muratori, Ant. Ital. 2 (1739) S. 233, Diss. XXII, De Legibus Italicorum.
Richard Schroeder und Eberhard Frh. v. Kuenssberg, Lehrbuch der deutschen Rechtsgeschichte (1932) S. 280 ff.

4. *Die consuetudo — das Herkommen*

Schon die Langobarden kannten den Gerichtsgebrauch „cawarfida“ [15]. Auch in dem Edikt sind die consuetudines wiederholt erwähnt [16]. Ebenso berücksichtigte die Kapitulariengesetzgebung für Italien das Gewohnheitsrecht und bestimmte ausdrücklich, daß zunächst das Gesetz und in Ermangelung weiterer Bestimmungen das Herkommen gelten sollte [17]. Zunächst wurde allerdings durch Nachforschung, Befragung alter erfahrener Leute, festgestellt, ob eine solche consuetudo bestand; dabei wurden auch bei der Redaktion Juristen beigezogen. Die consue-

[15] Vgl. Richard Schröder und Eberhard Frh. v. Kuenssberg, Lehrbuch der deutschen Rechtsgeschichte (1932) S. 248 Anm. 8.

[16] Vgl. MGH LL 4 (1868) S. 78/79 Ed. Rothari cap. 344 und S. 85 Ed. Rothari cap. 369; ferner S. 132 Ed. Liutprand cap. 132 und S. 156 cap. 118 Ed. Liutprand.

[17] Vgl. MGH Cap. 1 (1883) S. 201 Pippini Cap. a. 790: cap. 10: Placuit nobis inserere ubi lex est, praecellat consuetudinem, et nulla consuetudo superponatur legi; ferner S. 215 Cap. italica S. 220 c. 22: Ut longa consuetudo, quae ad utilitatem publicam non impedit pro lege servetur, et quae diu servatae sunt permaneant.

tudo bezog sich im wesentlichen auf privatrechtliches Gebiet einzelner Kreise und wurde bei Gerichtsurteilen angewandt. Solche Urteile, die unter Umständen von grundlegender Bedeutung waren, nannte man lauda oder laudamenta, ein Begriff, der den deutschen Weistümern entspricht [18]. So bestanden zum Beispiel in Pisa — zwei — Gerichtshöfe, von denen einer nach dem bestehenden Recht, der andere nach Herkommen urteilte [19]. Das Gewohnheitsrecht, das unter anderem römisches, langobardisches, germanisches und deutsches Recht berücksichtigte, hatte den Vorteil, sich besser den gegebenen Umständen anzupassen [20]. Im Laufe der Zeit wurden Schriftlichkeit und Publizität gefordert. Die ältesten schriftlich niedergelegten Bestimmungen sind die consuetudines von Genua. Die consuetudines wurden je nach Verfassung der Städte durch das consilium generale bestätigt, die Konsuln wurden meistens durch das Breve consulum bei der Amtsübernahme auf diese consuetudines vereidigt [21]. Die wirtschaftliche Entwicklung der italienischen Städte und ihre in dem Frieden von Konstanz 1183 gesicherte rechtliche Stellung begünstigte die weitgehende Ausbildung der consuetudines [22]. Diese wurden teils von den Städten selbständig erlassen, teils wurden sie in den norditalienischen

---

[18] Vgl. Pertile, Storia 1 S. 391 ff.

[19] Vgl. Pertile, Storia 1 S. 395 Anm. 34.

[20] Vgl. Muratori, Ant. Ital. 2 (1739) S. 102 und 282 Definition der consuetudo.

[21] Vgl. Schupfer, Manuale S. 320 ff. Unterschied: Breve di consiglio und Breve di populo.

[22] Vgl. Salvioli, Storia S. 72 ff. Umwandlung der consuetudines in leges municipales; Schupfer, Manuale S. 323 ff.; Pertile, Storia 1 S. 395 ff.

Hoheitsgebieten Savoyen, Monferrat von den maßgebenden Stellen genehmigt [23]. Dabei entwickelten sich auch territoriale consuetudines [24]. Im Königreich Sizilien waren die consuetudines der Städte von der Genehmigung des Königs abhängig [25]. In den Statuten von Benevent 1202 ist die Stellung der consuetudo gegenüber den konkurrierenden Gesetzen genau geregelt [26]. Die consuetudo bildete sich weiter aus und konkurrierte sowohl mit den Statuten als auch mit den Gesetzen [26a]. Zwischen 900 und 1183 ist die Anerkennung der Rechtsentwicklung der consuetudines besonders in Norditalien von der kaiserlichen Gesetzgebung an die Kommunen und lokalen Gewaltherren übergegangen.

Literatur:
Pertile, Storia 1 S. 387 ff., § 42. consuetudine; 2, 2 S. 57 ff.
Alessandro Lattes, Il diritto consuetudinario delle Città Lombarde (1899) S. 57 ff.
Francesco Calasso, Medio Evo del diritto 1 (1954) S. 181 ff., insbes. S. 197 ff.
Giovanni de Vergottini, Lezioni di storia del diritto italiano: Il diritto publico 1 (1960) S. 36 ff.
Schupfer, Manuale S. 140 ff.
Salvioli, Storia S. 69 ff. und 230 ff.

---

[23] Vgl. Luigi Salvatorelli, L'Italia comunale (1940) S. 579 ff. Consuetudines von Florenz.

[24] Salvioli, Storia S. 69 ff.

[25] Vgl. Huillard-Bréholles, Hist. Dipl. 1/1 (1852) S. 85, Februar 1202: Frid. Rex Siciliae universis hominibus Calatageronis consuetudines et bonos usus eis a praedecessoribus suis indultos confirmat . . .

[26] Vgl. Pertile, Storia 1 S. 396 Anm. 37 und Pertile 2, 2 S. 57; ferner Pietro Giannone, Istoria civile del regno di Napoli 5 (1821) S. 487 ff. Consuetudini di Napoli e Bari.

[26a] Vgl. Schupfer, Manuale S. 325 ff.

Besta, Fonti S. 88 ff.

Gregorio Rosario, Opere rare edite ed inedite riguardanti la Sicilia (1873) S. 44 ff.

Coing, Handbuch 1 (1973) S. 518.

Adalbert Erler und Ekkehard Kaufmann, Handwörterbuch zur deutschen Rechtsgeschichte 1 (1964 ff.) S. 1675 ff. Gewohnheitsrecht (künftig: HRG.).

5. *Kaiserliche Gesetzgebung*

Nachdem das Königreich Italien seit dem Tode Kaiser Ludwigs II. ein Spielball zwischen den Karolingern und einheimischen Fürsten geworden war, wurden Nord- und Mittelitalien durch die Siege Ottos I. und seine Kaiserkrönung ein Bestandteil des deutschen Reiches. Jedoch wurde es, ähnlich wie später das Königreich Burgund, nicht der unmittelbaren deutschen Verwaltung unterstellt. Die bestehende langobardisch-karolingische Gesetzgebung und Verwaltung wurde beibehalten. Um jedoch die unzuverlässigen italienischen Großen, die nur in einem lockeren Lehensverbande zum deutschen Reiche standen, besser kontrollieren zu können, gingen die Ottonen und Salier dazu über, die Bischöfe, welche größtenteils dem deutschen Klerus entnommen wurden, mit umfangreichen Grafschaftsgebieten auszustatten und ihnen die volle Gerichtsbarkeit über ihre Städte und Landgebiete zu verleihen, die sie dann auf weltliche Weise organisierten [27]. Die kaiserliche Gesetzgebung in

[27] Vgl. Ludo Moritz Hartmann, Geschichte Italiens im Mittelalter IV/1 (1915) S. 39 ff.; Muratori, Ant. Ital. 1 (1738) S. 116 ff. Diss. IV. De Offi-

dieser Zeit betätigte sich unter Zuziehung der Großen des Volkes [28], abgesehen von der bekämpften Einführung des Gottesurteils [29], sowohl auf dem Gebiete des öffentlichen Rechtes (Lehensgesetzgebung Konrads II.) [30] als auch des Privatrechts (Heinrich II.) [31], beließ aber die einheimischen Rechte in ihrer Wirksamkeit [32]: römisch-langobardisches Recht. Bei der wirtschaftlichen Entwicklung der Städte sahen diese sich in der Lage, einzelne Rechte von den Bischöfen käuflich zu erwerben und diese in eigene Verwaltung zu übernehmen. Diese Entwicklung führte zu ihrer völligen Autonomie und Abgabenfreiheit, zumal bis zur Stauferherrschaft im wesentlichen keine direkten Abgaben nach Deutschland flossen. Eine gewisse Ausnahme bildete die Regierung Ottos III., der sich als Kaiser römischer Prägung mit der Hauptstadt Rom fühlte. In der zweiten Hälfte des 11. Jahrhunderts ging jedoch der Einfluß der deutschen Kaiser infolge der fortschreitenden Feudalisierung und durch die Kämpfe des Investiturstreites sehr zurück; er äußerte sich nur durch den Erlaß zahlreicher Privilegien an die Städte, um diese für die kaiserlichen Interessen zu gewinnen. Das allmähliche Vordringen des römischen Rechts durch die Schule von

---

ciis domus regiae; Schupfer, Manuale S. 135 ff.; Pertile, Storia 1 S. 314 ff.; Luigi Salvatorelli, L'Italia comunale (Mondadori) (1940).

[28] Vgl. Schupfer, Manuale S. 266 ff.

[29] Vgl. Schupfer, Manuale S. 139.

[30] Vgl. MGH Const. 1 (1893) S. 89 ff.: Edictum de beneficiis regni Italici a. 1037 Konrad II.

[31] Vgl. MGH Const. 1 (1893) S. 70: Leges Papienses de clericis ecclesiarum servis: Henrici II et Benedicti VIII Synodus a. 1022 S. 75.

[32] Vgl. Salvioli, Storia S. 49 ff.; Schupfer, Manuale S. 135 ff.; Besta, Fonti S. 93 ff. und 104 ff.

Bologna [33] ließ die Gegensätze zwischen der kaiserlichen Verwaltung durch die Bischöfe und der selbständigen Verwaltung der Kommunen immer mehr in Erscheinung treten. Die Städte erkannten zwar an, daß sie zum Reiche gehörten, verlangten aber ihrerseits unabhängige Verwaltung und Gesetzgebung. Friedrich I. versuchte in der ronkalischen Gesetzgebung 1158 unter Mitwirkung der italienischen Großen, eine stärkere Verbindung Italiens mit dem deutschen Reiche anzustreben, insbesonders die Städte mit Reichssteuern entsprechend zu belasten [34]. Er erkannte das römische Recht als Nachfolger der römischen Kaiser als für sich verbindlich an und bezeichnete seine Gesetzgebung als Fortsetzung der justinianischen [35]. Gerade aber die Anwendung des römischen Rechts ließ die Gegensätze zwischen den Kommunen und dem Kaiser noch mehr in Erscheinung treten. Der Kampf Friedrichs I. in Oberitalien blieb erfolglos. Im Frieden von Konstanz 1183 erkannten jedoch die Städte an, daß sie zum Reiche gehörten und einen Treueid dem Kaiser zu leisten hatten [36].Abgesehen von den kaiserlichen Obergerichten als Be-

---

[33] Vgl. Giovanni de Vergottini, Lezioni di storia del diritto Italiano, Il diritto pubblico nei secoli XII-XIV 1 (1960) S. 29 ff.; vgl. u. a. MGH Const. 1 (1893) S. 82; Conrat II: Mandatum de lege romana; Coing, Handbuch 1 S. 268 ff. und 560 ff.

[34] Vgl. Paul Finsterwalder, Gesetze von Roncaglia ZRG Germ. 51 (1931) S. 1 ff.; MGH Const. 1 (1893) S. 241: Conventio cum Mediolanensibus a. 1158; S. 244: Curia Roncaliae a. 1157; ferner Pertile, Storia 1 S. 304 ff. und S. 311 ff.

[35] Vgl. Schupfer, Manuale S. 235: Tua voluntas jus est, sicut dicitur: quod principi placuit legis habet vigorem.

[36] Vgl. Alfred Haverkamp, Herrschaftsformen der Frühstaufer in Reichsitalien 2 (1970) S. 89 ff.; Giovanni de Vergottini, Lezioni di storia del diritto 1 (1960) S. 165 ff.; MGH Const. 1 (1893) S. 395 ff. Pacta Placentina

rufungsinstanz und einer gewissen feudalen Bindung wurde ihnen ihre Gerichtsbarkeit und das Gesetzgebungsrecht als „consuetudo libertatis“ zugestanden. Zu diesem Zeitpunkt ist eine deutsche Gesetzgebung, abgesehen von einzelnen Privilegien an die Städte, nicht mehr nachzuweisen. Wenn der Frieden von Konstanz ursprünglich nur für den Lombardenbund bestimmt war, galt er doch für das von Deutschland beherrschte Gebiet von Italien. Dazu kam noch der Umstand, daß die Städte sich im Laufe der Entwicklung immer mehr ausgedehnte ländliche Gebiete angegliedert hatten und volle Selbständigkeit erwarben. Die Gesetze Friedrichs II. für sein Königreich Sizilien sind nicht in seiner Eigenschaft als deutscher Kaiser erlassen. Die Rechte, welche nach dem Frieden von Konstanz noch dem Reiche verblieben waren, wurden durch den Ausgang der Hohenstaufen und das lange Interregnum gegenstandslos. Die einzelnen Territorien, die sich von der Herrschaft der Kommunen frei gehalten hatten, bzw. die von einzelnen Dynasten beherrschten Kommunen, standen zwar in feudaler Beziehung zum Kaiser, es gelang ihnen jedoch im Wege von Privilegien (Savoyen — Saluzzo — Mailand — Monferrat — Mantua — Ferrara), immer unabhängiger zu werden [37]. Soweit die späteren Kaiser überhaupt nach Italien kamen und sich krönen ließen, benützten sie die ihnen verbliebenen Rechte nur dazu, Standeserhöhungen,

---

cum Lombardis a. 1183 und S. 408 ff. Pax Constantinensis a. 1183; Dieter von der Nahmer, Zur Herrschaft Friedrich Barbarossas in Italien, Studi medievali 15 (1974) S. 587 ff.

[37] In Savoyen entwickelte sich seit 1263 eine eigene Gesetzgebung wie in Monferrat. Vgl. Pertile, Storia 2, 2 S. 81 ff.; Schupfer, Manuale S. 296 ff.; Salvioli, Storia S. 143 ff.

Ernennungen von Pfalzgrafen und Legitimierungen von Bastarden vorzunehmen [38].

Literatur:

Salvioli, Storia S. 49 ff. und 217 ff.

Pertile, Storia 1 S. 295 ff.

Paul Wilhelm Finsterwalder, Die Gesetze des Reichstages von Roncaglia am 11. XI. 1158. SZ Germ. Bd. 51 (1951) S. 1 ff.

Alfred Haverkamp, Herrschaftsformen der Frühstaufer in Reichsitalien (1970) 1/1 S. 89 ff.

Schupfer, Manuale S. 266 ff.

Giovanni de Vergottini, Lezioni di storia del diritto italiano, Il diritto pubblico italiano nei secoli XII-XIV Bd. 1 (1960) S. 29 ff. und 41 ff. Bd. 2 (1959) S. 9 ff.

Besta, Fonti S. 104 ff.

Antonio Marongiu, Storia del diritto pubblico (1956) S. 162 ff.

Luigi Salvatorelli, L'Italia comunale (1940) S. 148-257 ff. und 306 ff.

L. A. Muratori, Ant. Ital. 4 (1741) S. 247 ff. Diss. XLVIII.

Julius Ficker, Forschungen zur Reichs- und Rechtsgeschichte Italiens, Bd. 2-4 (1868 ff.).

Vittorio Colorni, Le tre leggi perdute di Roncaglia (1158) ritrovate in un manoscritto parigino (1967). Deutsche Übersetzung von Gero Dolezalek: Die drei verschollenen Gesetze des Reichstages bei Roncaglia (1969).

Coing, Handbuch 1 (1973) S. 437 ff., 527 ff., 566 ff. und die S. 579 ff. angegebene Literatur.

Dietrich von der Nahmer, Die Reichsverwaltung in Toskana unter Friedrich I. und Heinrich VI. o. J.

Ders., Zur Herrschaft Friedrich Barbarossas in Italien, Studi medievali 15 (1974) S. 587 ff.

---

[38] Vgl. M. A. v. Bethmann Hollweg, Ursprung der lombardischen Städtefreiheit (1846) S. 159 ff.; Julius Ficker, Forschungen zur Reichs- und Rechtsgeschichte Italiens Bd. 2 (1869) und 3 (1874) (künftig: Ficker, Forschungen).

6. *Die Statuten und ihre geschichtliche Entwicklung*

Während die consuetudo ihre Wurzeln in den jeweiligen Bedürfnissen der städtischen Bürger hatte, genügte bei der wachsenden wirtschaftlichen und politischen Entwicklung der Städte diese Lösung nicht mehr. Im Laufe der deutschen Herrschaft wurden die oberitalienischen Städte selbständige Verwaltungszentren. Umstritten ist, ob sich die alte römische Stadtverfassung durch die Jahrhunderte gerettet hat [39]. Die deutschen Herrscher hatten, wie ausgeführt, die bedeutendsten Städte nebst weiteren Grafschaften den Bischöfen zur Verwaltung überwiesen. Durch den Investiturstreit geriet besonders die italienische Geistlichkeit in schwere Bedrängnis. Sie hatte entsprechend den Bedürfnissen eine zivile Verwaltung eingerichtet, an der sowohl die Vasallen, wie die Bürger beteiligt waren [40]. Dem Vicedominus bzw. Advocatus defensor ecclesiae fiel die weltliche Verwaltung zu. Das Gesetzgebungsrecht verblieb vorerst dem Bischof, die Städte befestigten sich, trennten sich von der Landbevölkerung; sie erhielten Marktrechte und erwarben allmählich ihre volle Selbständigkeit der inneren Verwaltung. Es erübrigt sich, hier das Werden der Konsular- und Podestàverfassung zu schildern [40a]. Die Städte erstrebten nun ihre

---

[39] Vgl. Pertile, Storia 2, 1 S. 8 ff.

[40] Vgl. Pertile 1 S. 323 ff. § 37 Come fosse ordinato il governo civile dei Vescovi; Salvioli, Storia S. 237 ff.

[40a] Über die Entwicklung der Kommunen vgl. u. a. Pertile, Storia 2, 1 § 47 Sorgere del comune S. 8 ff.; § 48 Ordinamenti del comune. Primo governo comunale S. 28 ff.; § 49 Condizione dei comuni rimpetto agli antichi signori S. 54 ff.; § 50 Secondo governo comunale S. 79 ff.; § 51 Corpora-

Autonomie, erkannten zwar die Oberhoheit der deutschen Kaiser an, aber weigerten sich, an diese Steuern und Abgaben zu bezahlen. Der Friede von Konstanz 1183 bestätigte die Selbständigkeit der Kommunen als autonome Gebilde und damit auch ihr Gesetzgebungsrecht, von dem die Städte Nord- und Mittelitaliens regen Gebrauch machten [41]. Die Städte konnten gegen Zahlung einen Verzicht auf die Regalien seitens der deutschen Kaiser erhalten und so ihre Freiheit entsprechend weiter ausdehnen [42]. Die „consuetudo ab antiquo" wurde als rechtsverbindlich anerkannt; ihre Lücken wurden teilweise durch das breve consulum ergänzt, deren vom Volke auferlegte capitula den städtischen Konsuln (Podestaten) beim Amtsantritt vorgelegt wurden und nach dem sie sich eidlich verpflichten mußten zu urteilen [43]. Den Schluß dieser Entwicklung bildeten die Statuten, die eine wirkliche Gesetzgebung darstellten und alle Rechtsgebiete des zivilen und des öffentlichen Rechtes umfaßten [44]. Die Abfassung erfolgte durch Abordnungen der verschiedenen Klassen der Bürger, die unter Beiziehung von Juristen Entwürfe machten, die dann von dem Consiglio, dem Volke, bzw. dessen Abgeordneten geprüft und genehmigt wurden. Bei dem Erlaß spielten die bürgerlichen Parteien und ihre

---

zioni degli arti e terzo governo comunale S. 178 ff.; ferner ausführlich Luigi Salvatorelli, L'Italia comunale dal secolo XI alla metà del secolo XIV (1940).

[41] Vgl. L. A. Muratori, Ant. Ital. 4 (1741) S. 1 ff. Dissertatio XLV und S. 247, Diss. XLVIII.

[42] Vgl. Pertile, Storia 2, 1 S. 54 ff.

[43] Vgl. Schupfer, Manuale S. 323 ff.

[44] Vgl. Schupfer, Manuale S. 319 ff.; Pertile, Storia 2, 2 S. 118 ff. § 67 Statuti comunali.

internen Gegensätze eine wesentliche Rolle. Mit der wirtschaftlichen Entwicklung der Städte wurden diese Statuten immer umfangreicher und waren auch stetem Wechsel unterworfen [45]. Die Quellen [46] dieser Statuten sind römisch-kanonisches, germanisches und Feudalrecht; besonders in Bezug auf Familien- und Erbrecht ergaben sich erhebliche Auseinandersetzungen mit der Kirche. Die Statuten wurden auch von den Glossatoren interpretiert. Verschiedentlich dehnten die Städte den Geltungsbereich ihrer Statuten auf unterworfene Städte aus, während nicht selbständige Gemeinden der Genehmigung des Signore bedurften.

Literatur:

Schupfer, Manuale S. 319 ff.

Pertile, Storia 2, 2 S. 118 ff. § 67 Statuti Municipali.

Antonio Marongiu, Storia del diritto pubblico (1956) S. 141 ff. und 162 ff.

Mario Striccoli, L'interpretazione dello statuto (1969) S. 30 ff.

Francesco Calasso, La Legislazione statutaria dell'Italia meridionale (1929) S. 61.

Besta, Fonti (1962) S. 126 ff.

Salvioli, Storia S. 72 ff.

F. Carl v. Savigny, Geschichte des römischen Rechts im Mittelalter 3 (1834) S. 513 ff.

Otto Hartwig, Codex iuris municipalis Siciliae 1 (1867) S. 1 ff.

Muratori, Ant. Ital. 2 (1739) S. 233 Diss. XXII, De legibus Italicorum et statutorum origine.

Coing, Handbuch 1 (1973) S. 436, insbesondere S. 573 und die ausführliche Literatur S. 579 ff.

---

[45] Vgl. Dante, Divina commedia, Purgatorio, Canto VI. Vers. 142 ff.

[46] Vgl. Schupfer, Manuale S. 341 ff.; Coing, Handbuch 1 (1973) S. 566 und S. 573 ff.

7. *Venedig*

Venedig bildete infolge seiner jahrhundertelangen Verbindung mit Byzanz, aus der es sich allmählich löste, einen Staat, der ein Eigendasein führte und eine eigene Gesetzgebung entwickelte. Sie erfolgte zunächst durch die Promissiones der Dogen mit Gesetzeskraft — Enrico Dandolo 1195 und Jacopo Tiepolo 1232; diese und weitere Statuten, welche viel Gewohnheitsrecht enthielten, wurden systematisch gesammelt und vom Volke, dem consilium maius bzw. dem consilium minus, genehmigt (16. XI. 1346), zuerst in lateinischer, dann in italienischer Sprache. Ein Ausschuß von Juristen (1348) war mit der Prüfung beschäftigt. Die Gesetzgebung erstreckte sich auf die Terra ferma, Dalmatien und die Inseln in der Adria.

Literatur:

Pertile, Storia 2, 1 S. 240 ff. und 2, 2 S. 152 ff.

Schupfer, Manuale S. 363 ff.

Heinrich Kretschmayr, Geschichte von Venedig 1 (1905) S. 342 ff. und 2 (1920) S. 111 ff.

Enrico Besta, Fonti S. 122 ff.

Coing, Handbuch 1 (1973) S. 439 ff. und 717 ff.

Giuseppe Maranini, La costituzione di Venezia dalle origini alla serrata del maggior consilio (1927).

8. *Kirchenstaat*

Das päpstlich-fränkische Bündnis hatte die unabhängige Stellung der abendländischen Kirche wesentlich beeinflußt [47]. Da die

---

[47] Vgl. Erich Caspar, Das Papsttum unter fränkischer Herrschaft (1935).

Päpste im Laufe der Entwicklung in Italien zuerst von den Karolingern und dann von Otto I. (pactum Ottonianum 962) in Italien ein Territorium erhielten [48], entstanden gewisse gegenseitige Bindungen, welche zu schweren Auseinandersetzungen (Investiturstreit) führen mußten. Innocenz III. hat bei dem Streite um das Kaisertum zwischen Philipp von Schwaben und Otto von Braunschweig von letzterem 1201 die Anerkennung der Besitzungen der römischen Kirche in Mittelitalien cum omni iurisdictione und damit das Recht eigener Gesetzgebung erlangt. Der Kardinal Egidius Albornoz hat als Generalvikar des Papstes Innocenz VI. 1357 in einem parlamentum generale in Fano einen liber constitutionum Sanctae Romanae ecclesiae annehmen lassen, welche als Constitutiones Egidianae das weltliche Recht des Kirchenstaates regelten [49].

Literatur:

Coing, Handbuch 1 (1973) S. 442 ff. und 712 ff.

Schupfer, Manuale S. 240 ff.

Pertile, Storia 3 S. 156 ff.

Adalbert Erler, Aegidius Albornoz als Gesetzgeber des Kirchenstaates (1970).

Giuseppe Ermini, Diritto romano comune e diritti particolari nelle terre della Chiesa, IRMAE. V, 2 c (1975).

Giovanni de Vergottini, Lezioni di storia del diritto italiano. Il diritto pubblico italiano nei secoli XII-XV, 1 (1960) S. 61 ff. und 263 ff.; 2 (1959) S. 115 ff.

Besta, Fonti (1962) S. 113 ff.

Salvioli, Storia S. 87 ff. und 154 ff.

Antonio Marongiu, Storia del diritto pubblico (1956) S. 165.

---

[48] Vgl. MGH Const. 1 (1893) S. 23 ff.; Carl Mirbt und Kurt Aland, Quellen zur Geschichte des Papsttums 1 (1967) S. 260 und 268.

[49] Vgl. Schupfer, Manuale S. 240; Enrico Besta, Fonti S. 121; Coing, Handbuch 1 (1973) S. 713.

Peter Partner, The Lands of St. Peter. The Papal State in the Middle Ages and the Early Renaissance (1972).

Anhang: *Die Entwicklung des corpus juris canonici*

Die politische Erstarkung der Kirche fand ferner ihren Ausdruck in einer umfassenden Gesetzgebung, die nicht nur ihre Suprematie über das weltliche Regime beanspruchte, sondern auch weitgehende Rechtsregeln auf dem zivil- und kirchlichrechtlichen Gebiet, insbesondere auch auf dem Gebiete des Familien- und Erbrechtes aufstellte [50]. Nach den sogenannten vermittelnden Sammlungen (Benedictus Levita, Capitula Angelrami, Pseudoisidor) wurde das kirchliche Recht durch Gratian um 1140 zu einer eigenen Disziplin erhoben (kanonisches Recht): Decretum Gratiani. Dieses Dekret bildete eine systematische Sammlung der bereits vorhandenen Rechtsquellen. Es wurde in der Folgezeit durch die Dekretalensammlungen, den Liber extra, den Liber sextus und die Clementinen ergänzt. Hatte die Kirche zunächst das römische Recht als maßgebend erachtet, verbot sie später das Studium des römischen Rechtes ganz, so durch die Bulle Super speculum von 1219 [52].

---

[50] Vgl. Schupfer, Manuale S. 240 ff.; Pertile, Storia 3 S. 156 ff.; Jakob Freisen, Geschichte des kanonischen Eherechts (1888); Rudolf von Scherer, Über das Eherecht bei Benedikt Levita und Pseudoisidor; ferner Coing, Handbuch 1 (1973) S. 483 ff. und 498 ff.

[51] Vgl. Friedberg, Corpus juris canonici (1879) Bd. 1 und 2.

[52] Vgl. Pertile, Storia 2, 2 S. 51 Anm. 10; Schupfer, Manuale S. 264.

Literatur:
Emil Friedberg, Lehrbuch des katholischen und evangelischen Kirchenrechtes (1909) S. 126 ff., insbesondere S. 140 ff.
Coing, Handbuch 1 (1973) S. 365 ff. und 835 ff.

II. Neapel, Sizilien, Sardinien und Corsica

Neapel und Sizilien

Das südliche Italien, welches seit 774 ein Eigendasein führte, ist auch in der Rechtsentwicklung seine eigenen Wege gegangen. In den langobardischen Fürstentümern von Benevent, Spoleto, Capua und in Montecassino galt das Edikt Rotharis, das ergänzt bzw. weiterentwickelt wurde. In den byzantinischen Themen Langobardia, Bari und Sizilien galt das justinianische Recht. Eine grundlegende Änderung der Verhältnisse ergab sich durch die normannische Staatenbildung in Süditalien und Sizilien. Nach verschiedenen Gesetzen der Normannenkönige, u. a. Roger II. erließ Friedrich II. 1231 auf dem Reichstag von Melfi unabhängig von der Kirche seine constitutiones regni Siciliae [53], welche maßgebend für Süditalien wurden. Wenn sie auch weitgehend das römische Recht berücksichtigten, so waren doch auf

[53] Vgl. Huillard-Bréholles, Historia diplomatica Friderici II IV/1 S. 1 ff.; Hermann Dilcher, Die sizilische Gesetzgebung Kaiser Friedrichs II. Quellen der Constitutionen von Melfi und ihrer Novellen (1975).

dem Gebiet des Familien- und Erbrechts stark französisch-langobardische Einflüsse vorherrschend [54]. Die Stellung des Gewohnheitsrechts und der Statuten der Städte wie Bari, Messina, Catania, Palermo war hier nur subsidiär, obwohl diese von den Königen bestätigt werden mußten [55]. Diese Städte unterstanden im Gegensatz zu den norditalienischen Städten direkt den königlichen Beamten und hatten nur eine beschränkte Jurisdictio. Die hohenstaufische Gesetzgebung wurde in Neapel von den Anjous, in Sizilien von den aragonesischen Dynastien weitergeführt.

Literatur:

Wilhelm von Brünneck, Siziliens mittelalterliche Stadtrechte (1881) S. 178 ff.

Rosario Gregorio, Opere rare ed inedite riguardanti la Sicilia (1873) S. 44 ff.

Enrico Besta, Scritti di storia giuridica meridionale (1962) S. 449 ff.

Eduard Gans, Das Erbrecht in weltgeschichtlicher Beziehung 3 (1829) S. 310/311.

Antonio Marongiu, Storia del diritto pubblico (1956) S. 109 ff.

Pietro Giannone, Istoria civile del regno di Napoli 4 (1821) S. 369 ff. und 5 (1821) S. 313 ff.

Romualdo Trifone, La Legislazione Angioina (1921).

Francesco Brandileone, Scritti di Storia giuridica dell'Italia meridionale (1970), il diritto Greco-romano nel Italia meridionale sotto la dominazione normanna S. 273 ff.

Francesco Calasso, La legislazione statutaria dell'Italia meridionale (1971) S. 116 ff. und 229 ff.

---

[54] Vgl. Huillard-Bréholles, Hist. dipl. Friderici II., (1854) IV/1 S. 41 ff. Tit. LXII: maßgebendes Recht, nach dem geurteilt werden soll: et quod secundum constitutiones nostras et in defectu earum secundum consuetudines approbatas, ac demum secundum jura communia, Langobarda videlicet et Romana, prout qualitas litigantium exegerit, iudicabunt.

[55] Vgl. Schupfer, Manuale S. 333 ff.; Otto Hartwig, Codex juris municipalis Siciliae (1867) S. 12 ff.

Ernst Mayer, Italienische Verfassungsgeschichte von der Gotenzeit bis zur Zunftherrschaft 2 (1909) S. 363 ff.
Salvioli, Storia S. 66 ff. und 77 ff.
Pertile, Storia 2, 2 S. 74 ff.
Besta, Fonti S. 116 ff.
Schupfer, Manuale S. 278 ff. und 332 ff.
Enrico Besta, La Sardegna medievale 2 (1908/09) S. 152 ff.
Coing, Handbuch 1 (1973): Neapel und Sizilien S. 444 und 696 ff.; Sardinien S. 441 ff. und 694 ff.
Romualdo Trifone, Il diritto romano comune e diritti particolari nell'Italia meridionale, IRMAE. V 2 d (1962).

Sardinien und Corsica

Sardinien erhielt durch die Richterin Eleonora von Arborea die carta de Logu, die durch Alfons I. 1431 auf die ganze Insel ausgedehnt wurde [56]. Ebenso bildete sich in Corsica ein eigenes Recht, das weitgehend von Genua beeinflußt wurde [57].

---

[56] Vgl. Giovanni de Vergottini, Lezioni di storia del diritto italiano 2 (1959) S. 159 ff.; Schupfer, Manuale S. 307 ff.; Enrico Besta, La Sardegna medioevale 2 (1908/09); Arrigo Solmi, Studi storici sulle istituzioni della Sardegna nel medioevo (1917); Pertile, Storia, 2, 2 S. 88 ff.; Coing, Handbuch 1 (1973) S. 441 ff. und 694 ff.

[57] Vgl. Pertile, Storia 2, 2 S. 93; Giovanni Carlo Gregori, Statuti civili e criminali di Corsica (1843) S. 65 ff.

II. KAPITEL

DIE ZUSAMMENSETZUNG DER BEVÖLKERUNG

Die Bevölkerung

Die Bevölkerung Italiens von der Angliederung des Langobardenreiches an das Frankenreich 774 bis zum Ausgang des Mittelalters zerfiel in eine Reihe von Klassen, die das soziale Bild wesentlich bestimmten.

Literatur:
Pertile, Storia 3 S. 4 ff.
Salvioli, Storia S. 278 ff.
Romualdo Trifone, La Legislazione Angioina (1921) S. CLXXXIV ff.
Arrigo Solmi, Studi storici sulle istituzioni della Sardegna nel medioevo (1917) S. 61 ff. und 170 ff.
Muratori, Ant. Ital. 1 (1738) S. 712 ff. Diss. XIII: De hominibus liberis et arimannis S. 754 ff. Diss. XIV: De servis ac hominibus de masnada S. 839 ff. Diss. XV: De manumissionibus servorum et libertis Aldiis ac Aldianis.
Enrico Besta, La Sardegna medioevale 2 (1908/09) S. 46 ff.
Ders., Scritti di storia giuridica meridionale (1962) S. 37 ff.
Luigi Salvatorelli, L'Italia medioevale (1940) S. 314 ff.
Hermann Nehlsen, Sklavenrecht zwischen Antike und Mittelalter 1 (1972) S. 355 ff.

I. Die Unfreien und das Aldionat

Die Langobarden kannten Unfreie, deren verschiedene Rechte und Pflichten in der langobardischen Gesetzgebung ziemlich eingehend geregelt wurden. Eine wesentliche Besserung stellte der Umstand dar, daß die Kirche und Rothari die Ehen unter Unfreien anerkannten und auf diese Weise deren Familienleben unter ihren Rechtsschutz stellten [58]. Damit war auch eine Besserung ihrer Stellung weitgehend verbunden. Man bezeichnete sie als villani, famuli, pertinentes, habitatores, manentes u. a. Sie gewannen zwar nur ein beschränktes Persönlichkeits- und Zeugenrecht, gehörten zum Patrimonium und wurden gegebenenfalls mit diesem beliehen und veräußert [59]. Die Langobarden hatten Italien erobert und die Einwohner, freie Römer und Kolonen, in den Stand der Aldionen gedrückt, deren Rechtsstellung in der langobardischen Gesetzgebung Rotharis und Liutprands eingehend behandelt wurde. Man kann sie am bersten als Halbfreie bezeichnen [60]. Eine besondere Stellung nahmen die Unfreien des Königs, der Kirche und des Fiskus ein — fiscalini, beneficiarii — ebenso die Italiener, welche in

---

[58] Vgl. MGH LL IV (1868) S. 169, Liutprand, c. 139; u. a. Ernst Mayer, Ital. Verfassungsgeschichte von der Gotenzeit bis zur Zunftherrschaft 1 (1909) S. 155 ff.; Pertile, Storia 3 S. 14 ff. Auch die Kirche vertrat den gleichen Standpunkt. Vgl. Emil Friedberg, Bd. II Corpus iuris Can. (1881) S. 691 Decr. Greg. IX, Lib. IV, Tit. IX De conjugio servorum.

[59] Vgl. Pertile, Storia 3 S. 40 ff.: § 89 Dei servi della gleba.

[60] Vgl. Heinrich Leo, Geschichte von Italien 1 (1837) S. 80 ff.; Ludo Moritz Hartmann, Geschichte Italiens im Mittelalter 2/2 (1903) S. 1 ff.

den Städten verblieben waren, im Gegensatz zu den Unfreien, die in der Landwirtschaft beschäftigt wurden [61]. Bei der überwiegenden Agrarkultur im frühen Mittelalter spielten diese Halbfreien, welche keinerlei Freizügigkeit besaßen, eine große Rolle. Sie konnten Eigentum erwerben, hatten ein beschränktes Testierrecht und dem Herrn gegenüber eine Reihe von Verpflichtungen. Im allgemeinen wurden die Kinder aus Ehen Unfreier Unfreie. Bei ehelichen Verbindungen zwischen Freien und Unfreien folgten ursprünglich die Kinder der schlechteren Hand. Später setzte sich der römisch-rechtliche Grundsatz der Mutterfolge großenteils durch. Die Bastarde aus solchen Verbindungen teilten im allgemeinen die Stellung der Mutter, da sie ja juristisch gesehen meistens keinen Vater hatten [62]. Die unehelichen Kinder der Geistlichen wurden kraft Geburt lebenslängliche Unfreie der Kirche [63].

Es erübrigt sich in diesem Zusammenhang auf die Frage einzugehen, wie man unfrei wurde und auf welche Art man frei

---

[61] Vgl. Pertile, Storia 3 S. 25 ff. und S. 25 Anm. 95.

[62] Vgl. Pertile, Storia 3 S. 62 Anm. 5-8; ferner MGH LL 4 (1868) S. 52 ff. Ed. Rothari cap. 216: Heirat eines Alden mit einer Freien; Ro. cap. 217: Heirat einer Aldin mit einem Unfreien u. cap. 218 ff.; ferner Beschränkung der Heirat eines Freien mit einer Aldin durch vorherige Freilassung S. 151 Liutprand c. 106 und S. 169 Liutprand c. 139 ff.; Emil Friedberg, Corpus iur. Canonici 1 (1879) S. 1131 Decr. Grat. Sec. Pars C. 32 qu. 4 c. 15: Nam filii et libero et ancilla servilis conditionis sunt. Semper enim qui nascitur deteriorem partem sumit. Naturales autem dicuntur ingenuarum concubinarum filii, quos sola natura genuit non honestas conjugii. Hic vero, qui non sunt de legitimo matrimonio matrem potius quam patrem sequuntur.

[63] Vgl. MGH Const. 1 (1893) S. 75. Leges Papienses de clericis ecclesiarum servis.

werden konnte [64]. Im Laufe der wirtschaftlichen Entwicklung versuchten die Herren, die Dienstverpflichtungen in erbliche, genau bestimmte Leistungen zu ändern und das gegenseitige Rechtsverhältnis feudal umzugestalten [65]. Im Gegensatz zu den Unfreien auf dem Lande setzte zunächst in den Städten seit 1205 eine Bewegung ein, welche die Unfreien in ihren Territorien loskaufte, während die landwirtschaftliche Entwicklung den dort beschäftigten Unfreien den Weg in die Freiheit nicht ermöglichte. In Italien bestand im Gegensatz zu dem übrigen Europa seit dem 14. Jahrhundert wenigstens in Bezug auf die einheimische Bevölkerung mit verschwindenden Ausnahmen keine Unfreiheit mehr [66]. In Süditalien bestand diese Unfreiheit weiter, die Constitutionen Friedrichs II. behandeln auch die servi und ancillae [67]. Auch in Sardinien bildeten die servi eine besondere Klasse [68].

II. Die Ministerialen

Die Ministerialen stammen aus dem Stand der Unfreien, bildeten jedoch neben den Freien eine eigene Klasse, die am Kö-

---

[64] Vgl. Pertile, Storia 3 S. 60 ff. und 71 ff.

[65] Vgl. Pertile, Storia 3 S. 87 ff.

[66] Vgl. Pertile, Storia 3 S. 89 ff.

[67] Vgl. Romualdo Trifone, La legislazione angioina (1921) S. CLXXXV ff.

[68] Vgl. Enrico Besta, La Sardegna medioevale 2 (1908/09) S. 46 ff.; Arrigo Solmi, Studi storici sulla istituzione della Sardegna nel medioevo (1917) S. 170 ff.

nigshof und bei den Bischöfen mit Sonderaufgaben der Verwaltung betraut wurde und infolgedessen unter Umständen die Freien an Rang und allgemeiner sozialer Stellung übertraf. Damit verband sich allmählich der Ritterdienst, der die Ausstattung der Ministerialen mit Grundbesitz erforderte und diese in eine lehensrechtliche Bindung mit den Herren brachte. Wenn sie auch unter Umständen öffentlichrechtlich eine besondere Stellung einnahmen, so blieben sie immer noch Unfreie ohne Rechtspersönlichkeit, die mit den ihnen verliehenen Gütern verschenkt oder abgetreten werden konnten und bei Heiraten allen Beschränkungen der Unfreien unterworfen waren. Die Ministerialen am Hofe und der hohen Geistlichkeit besetzten allmählich die wichtigsten Verwaltungsstellen, heirateten später freie Frauen und gewannen die Freiheit, ein Prozeß, der sich im Laufe der Jahrhunderte in mannigfacher Weise vollzog. Besonders wichtig wurde ihre Stellung bei den geistlichen Fürsten, wo sie die Verbindung mit den weltlichen Regierungen vermittelten. Im Laufe des 14. Jahrhunderts hatte sich der Stand der Ministerialen allmählich mit der Nobilität verschmolzen [69]. Eine Abart der Ministerialen bildeten die masnada, die aus dem unfreien Stand hervorgingen, den Herren bei Kriegszügen jederzeit zur Verfügung stehen mußten und beschränkte Lehensträger waren. Die Grenzen zwischen einem uomo de masnada und einem Ministerialen waren fließend [70].

---

[69] Vgl. Pertile, Storia 3 S. 101 ff.

[70] Vgl. Pertile, Storia 3 S. 105 ff.; Enciclopedia Italiana (1951) Bd. XXII S. 499 Art. Masnada.

Literatur:

Muratori, Ant. Ital. 1 (1738) S. 544 ff. Diss. XI: De Allodiis, Vassis, Vasallis ... und S. 754 Diss. XIV: De Servis, Ac Hominibus de Masnada.

Richard Schroeder und Eberhard Frh. v. Kuenssberg, Lehrbuch der deutschen Rechtsgeschichte (1932) S. 469 ff.

Pertile, Storia 3 (1965) S. 93 ff.

Salvioli, Storia (1930) S. 449 ff.

Karl Bosl, Die Reichsministerialität der Salier und Staufer, 2 Bde. (1950-1951).

III. Die Freien

Die arimanni — exercitales — bildeten ursprünglich das Heervolk und hatten Anteil an der öffentlichen Verwaltung und dem Gemeingut. Die Langobarden unterschieden später nach dem abgestuften Wergeld in Hochfreie: — primi meliores, optimates, proceres —, Gemeinfreie: — arimanni — exercitales — und die königlichen Gefolgsmannen: gasindii — minores — inferiores. Maßgebend war wohl ursprünglich der Besitz. Mit der wirtschaftlichen Entwicklung vergrößerten und verfeinerten sich diese Klassen [71]. In erster Linie ist hier zwischen Stadt und Land zu unterscheiden. Die Lage der freien, kleinen Grundbesitzer verschlechterte sich zusehends unter der fränkischen Regierung. Die Verpflichtung zum drückenden Militärdienst, verbunden mit der Feudalisierung brachten sie dazu, sich in irgendeiner Form einem geistlichen oder weltlichen Grundherren zu übergeben. Im wesentlichen blieb dabei die persönliche Freiheit mit Einschränkungen erhalten. — Cerarii, oblati donati, con-

---

[71] Vgl. Franz Beyerle, Gesetze der Langobarden (1947) S. 445 ff.

versi, renduti — [72]. Ihre Lage verschlimmerte sich ferner durch das Vordringen der Feudalität. Immerhin waren die Verpflichtungen zwischen beiden Teilen rechtlich geregelt. Die Freien und Unfreien auf dem Lande bildeten die Rechtsklasse der rustici [73], die teils den Boden als Eigentümer, teils als Pächter bebauten. Sie hatten keine Freizügigkeit, einen beschränkten Gerichtsstand. Ihre Lage besserte sich zusehends, da die Städte Lehensherrschaften erwarben und auch die Einwanderung solcher rustici in die Kommunen begünstigten. Auch in Sizilien unterschied man zwischen burgenses — Städtern — und rustici [74]. Die in den Städten wohnenden Freien nahmen in besonderem Maße an der Entwicklung der Kommune teil. Die städtische freie Bevölkerung in ihrer Geschlossenheit konnte ihre Rechte nicht nur verteidigen, sondern im Laufe der Zeit wesentlich erweitern. In den Städten hatten sich bei den langobardischen Eroberungen Handwerker der verschiedensten Berufe erhalten, die im Laufe der Zeit ihre Freiheit erhielten. Der Zuzug vom Lande, teils freiwillig, teils gezwungen, kräftigte die Städte, in denen der Besitz der einzelnen maßgebend wurde und sich in wechselnden Kämpfen der sozial verschiedenen Schichten — Zünften — bei der Teilnahme an der Regierung äußerte. Das wertvolle Recht der cittadinanza verteilte die Rechte und Pflichten der Bürger. Diese gegenseitige Wechselwirkung zwischen Stadt und Land brachte es dahin, daß eine gewisse persönliche Freiheit in Ita-

---

[72] Def. Conversi in: Du Cange, Glossarium mediae et infimae Latinitatis, (1937) 2 S. 547; Pertile, Storia 3 S. 112 und 117 ff.

[73] Vgl. Pertile, Storia 3 S. 167 ff.; Salvioli, Storia S. 234 ff.

[74] Vgl. Romualdo Trifone, La legislazione angioina (1921) S. CLXXXI und S. CLXXXVI.

lien, abgesehen von einigen Ausnahmen in Piemont und Friaul, allgemein bestand.

Literatur:
Pertile, Storia 3 S. 112 ff.
Salvioli, Storia S. 292 ff. und 302 ff.
Enrico Besta, La Sardegna medioevale 2 (1908/09) S. 46 ff.
Muratori, Ant. Ital. 1 (1738) Diss. XIII: De hominibus liberis et arimannis S. 712 ff.
Ludo Moritz Hartmann, Geschichte Italiens im Mittelalter 2, 2 (1903) S. 8 ff.
Handwörterbuch zur deutschen Rechtsgeschichte hg. Adalbert Erler und Ekkehard Kaufmann Bd. 1 (1964 ff.) Artikel Arimannia S. 220 ff.; künftig: HRG.

IV. Die Nobilität

Bei den Langobarden bestand wie bei allen germanischen Völkern ursprünglich ein Geburtsadel, der ergänzt wurde durch die Inhaber gewisser königlicher Ämter, zu denen Freie berufen wurden, und deren Wergeld sich von dem der Gemeinfreien unterschied. Eine Erweiterung erhielt dieser Kreis, als unter der fränkischen Herrschaft das fränkische Benefizialwesen und die Vasallität Eingang fanden. Die spätere deutsche Herrschaft und die kaiserliche Gesetzgebung, verbunden mit den Consuetudines feudorum und den Konstitutionen Friedrichs II., regelte durchgreifend die Stellung, Rechte und Verpflichtungen der Nobilität [75]. War ursprünglich der Adel meistens mit dem Mili-

[75] Vgl. MGH, Const. 1 (1893) S. 89 ff., Edictum de beneficiis Regni Italici a. 28. V. 1037; Karl Lehmann, Langobardisches Lehnrecht (1896): Libri feudorum; Pertile, Storia 3 S. 138 ff.

tärdienst verbunden, so genossen auch die Juristen, Richter, Notare und Doktoren das Vorrecht des Adels. Eine starke Entwertung dieser Titel trat durch die Verleihung dieser Titel von Seiten der deutschen Kaiser, insbesondere Karls IV. und Friedrichs III., ein. In den Städten von Ober- und Mittelitalien spielte der Adel, soweit er gezwungen wurde, dort zu leben und das Bürgerrecht zu erwerben, gegenüber den Zünften keine überragende Rolle; ausgenommen in Venedig, Genua und Lucca, wo die maßgebenden Handelsgeschlechter sich zu einem patrizischen Adel zusammenschlossen: Libri d'oro in Venedig und Genua [76]). In Süditalien gliederte man in der Gesetzgebung von Friedrich II., die auch von den Anjous beibehalten wurde, den Adel in conti-baroni-cavalieri und milites [77]. Ferner wurden in den libri feudorum 5 Klassen von Nobiles aufgeführt, die in die Pyramide der Feudalität eingereiht waren [78].

Literatur:
Pertile, Storia 3 S. 138 ff.
Salvioli, Storia S. 307 ff.
Muratori, Ant. Ital. 1 (1738) S. 150 ff. Diss. V-VIII.

---

[76] Vgl. Heinrich Kretschmayr, Geschichte von Venedig 2 (1920) S. 160 ff. und Anm. 76; Alessandro Visconti, L'Italia nell' epoca della controriforma (1958) S. 259 ff.; ferner Heinrich Leo, Geschichte der italienischen Staaten 5 (1832) S. 401 ff.

[77] Vgl. Romualdo Trifone, La legislazione angioina (1921) S. CLXXXIV; Salvioli, Storia S. 296 ff.

[78] Vgl. Pertile, Storia 3 S. 141 Anm. 14 und ff.

V. Die Geistlichkeit

Unter der langobardischen Herrschaft hatte die Geistlichkeit keinen besonderen Stand. Erst unter Karl d. Gr. wurde ihre Rechtsstellung gemäß den im Frankenreich bestehenden Bestimmungen wesentlich verbessert. Sie erlangte eine ausgedehnte Immunität — privilegio del foro — die sich nicht nur auf ihre Person, sondern auch auf ihre Besitzungen erstreckte [79]. Der Unfreie, wenn er nicht von der Kirche besonders losgekauft wurde, konnte nur mit Zustimmung seines Herrn die kirchliche Laufbahn ergreifen, mit Erhalt der Weihen wurde er frei. In der Gemeinde wurden die Geistlichen wie Fremde behandelt, die keinen Anteil an der Verwaltung hatten, volle Steuerfreiheit genossen und im allgemeinen nur geistlichen Gerichten unterstanden.

Literatur:
Pertile, Storia 3 (1965) S. 156 ff. § 96: Degli Ecclesiastici.

Anhang: *Das Personalrecht*

Die Besitznahme von Italien durch die Langobarden schuf zunächst zwei verschiedene Volksteile: Langobarden und Italiener — Römer, welche nach ihren persönlichen Rechten lebten. Diese Volksteile wurden erheblich vermehrt durch die in der Verbindung des Karolingerreichs eingewanderten fränkischen Großen und Beamten und die seit Begründung des deutschen

---

[79] Vgl. Pertile, Storia 3 S. 157 ff. und 162 ff.

Imperiums unter Otto I. in amtlichen Stellen verwendeten Deutschen. Zu dieser Zeit bestand nun keine italienische Nation, sondern die einzelnen Völker in Italien lebten für sich. Jeder Einwohner hatte infolgedessen ein Anrecht darauf, nach dem Rechte seiner Nation behandelt zu werden [80]. Dieses Personalrecht erstreckte sich auf ganz Italien, es bestand bis zum 12. Jahrhundert und läßt sich teilweise sogar bis in das 14. Jahrhundert verfolgen. Muratori spricht in seiner Dissertatio XX von verschiedenen Rechten, die nebeneinander Geltung für die Einwohner hatten [81]. Es war häufig der Fall, daß bei Eheschließung die Ehegatten sich ihr persönliches Recht vorbehielten; die ehelichen Kinder folgten dem Recht des Vaters, die unehelichen dem Rechte der Mutter. Die adulterini hatten ein Wahlrecht [82]. Dieser Rechtsanspruch umfaßte das Strafprozeßrecht neben dem gesamten Privatrecht, insbesondere Familien- und Erbrecht. Dieser Rechtszustand war durch die Gesetzgebung verbürgt. Es bestand sonach die Notwendigkeit scabini bzw. Richter zu finden, welche die jeweils benötigten Rechtskenntnisse besaßen. Die verschiedenen angewandten Rechte hatten jedoch die Tendenz, sich vielseitig anzugleichen, wobei sich das langobardische Recht gegenüber dem vorherrschenden römischen Recht als be-

---

[80] Vgl. z. B. MGH LL IV (1868) S. 160 Liutprand cap. 127, MGH Cap. 1 (1883) S. 66 ff. Capitulare Missorum 792 c. 5 und S. 323 ff. Constitutio Romana 824 c. 5; MGH Const. 1 (1893) S. 27 ff., Capitulare Veronense a. 967 cap. 9; Pertile, Storia 1 S. 177. Vgl. auch Franz Beyerle, Die Gesetze der Langobarden (1947).

[81] Vgl. Muratori, Ant. Ital. 2 (1739) S. 234 ff.

[82] Vgl. Salvioli, Storia S. 59; Enrico Besta, Fonti S. 62; ferner MGH LL 4 (1868) S. 593 Quaestiones ac monita § 30.

sonders widerstandsfähig erwies. Im Verlauf der Entwicklung bildete sich durch Assimilation aus den verschiedenen Volksteilen die italienische Nation. Im Gegensatz zum Land ist in den Städten dieser Zusammenschluß rascher und gründlicher erfolgt. Während früher das Recht an die Nation gebunden war, entwickelte sich zunächst ein Wahlrecht [83] und bereitete so den Weg zum Territorialrecht vor. Die einzelnen Volksrechte machten den Rechtsschulen von Pavia und Bologna Platz, welche nur das lombardisch-römische Recht in den Kreis ihrer Behandlung zogen. So verschwand das Personalrecht im Laufe der Entwicklung in Italien [84].

Literatur:

Besta, Fonti S. 60 ff. Cap. XIV: Il principio della personalità delle leggi e le leggi per esso introdotte in Italia und S. 90 ff. Cap. XXIII: Il ritorno alle territorialità del diritto.

Schupfer, Manuale S. 7 ff.: La personalità del diritto und S. 217: La territorialità del diritto.

Muratori, Ant. Ital. 2 (1739) S. 233 ff. Diss. XXII: De legibus Italicorum et statutorum origine.

Salvioli, Storia S. 57 ff.

Pertile, Storia 1 S. 177 ff. und 378 ff.

Richard Schröder und Eberhard Frh. v. Kuenssberg, Deutsche Rechtsgeschichte (1932) S. 249 ff.

---

[83] Vgl. Francesco Schupfer, Manuale S. 217 ff., 222 und 226 ff., La territorialità del diritto; Pertile, Storia 1 (1965) S, 245 Anm. 40 und S. 378 ff.

[84] Vgl. Pertile, Storia 1 S. 378 ff.: § 41 Ristabilimento del diritto territoriale.

III. KAPITEL

DAS EHERECHT

I. Die Ehe

Die italienischen Stadtgesetzgebungen beschäftigten sich wohl mit dem ehelichen Güterrecht, trafen aber für die Form der Eheschließung keinerlei Bestimmungen. Maßgebend war jedoch, daß durch ein Gesetz Kaiser Heinrichs III. die kirchliche Gesetzgebung über die Ehehindernisse anerkannt und insofern damit der Kirche ein Prüfungsrecht bei der Eheschließung gegeben wurde [85]. Für die Kontrahenten war ein gewisses Alter vorgeschrieben, wobei auch zu große Altersunterschiede ausgeschlossen wurden [86]. Im allgemeinen wurde die Eheschließung ohne Anteilnahme der Kirche vollzogen, wobei die alten Gebräuche beobachtet wurden. Wesentlicher Vorgang der Eheschließung bildete die Verlobung, die vor Zeugen der beiden Parteien stattfand, gegebenenfalls auch vor einem Notar mit Einwilligung der Eltern, mit gegenseitigem Ring- und Kußwechsel [87]. Mit

---

[85] Vgl. MGH Const. 1 (1893) S. 101 Nn. 53: Constitutiones Turicenses a. 1052: De coniugiis illicitis.

[86] Vgl. z. B. MGH LL 4 (1868) S. 161 Ed. Liutprand C. 129.

[87] Vgl. Pertile, Storia 3 S. 292 ff.; Salvioli, Storia S. 388 ff.; Ficker, Forschungen 4 (1874) S. 465 und 514; Federico Ciccaglicne: Gli sponsali e la promessa di matrimonio nella storia e nel diritto italiano (1888); Robert Davidsohn, Geschichte von Florenz 4/3 (1927) S. 354 ff.

ihr war die Ablösung der Muntgewalt über die zukünftige Gattin verbunden. Diese Verlobung bedingte nach Ablauf einer festgesetzten Frist die Heimführung der Braut. Die Kirche war also zunächst bei der Eheschließung völlig ausgeschlossen. Man fing nun in Norditalien im 11. Jahrhundert an, die Übergabe der Braut vor der Kirche zu vollziehen. Der Geistliche war lediglich Zeuge dieser Handlung, aber nicht wesentlich für die Eheschließung selbst. Immerhin war, wie ausgeführt, der Einfluß der Kirche maßgebend im Bezug auf die impedimenta. Besondere Vorschriften für die Eheschließung bestanden für die Vasallen [88]. In Süditalien war merkwürdigerweise in den Assisen von König Roger II. von Staats wegen angeordnet, daß die Ehen — um völlig gültig zu sein — kirchlich eingesegnet werden sollten [89]. Über den Ursprung dieser Bestimmung im Gegensatz zu der Regelung in dem übrigen Italien sind die Meinungen geteilt, da in Süditalien bis zur Eroberung durch die Normannen der Einfluß des griechischen Rechtes andauerte. In Frankreich war jedoch die kirchliche Eheschließung obligatorisch, und es ist ohne weiteres ersichtlich, daß die Normannen diese Bestimmung bei der Eroberung von Süditalien beibehielten und auf ihre Untertanen ausdehnten. Auch die Gesetzgebung Friedrichs II.

---

[88] Vgl. Pertile, Storia 3 S. 96 ff. und 296 ff.

[89] Vgl. Erich Caspar, Roger II (1101-1154) und die Gründung der normannisch-sicilischen Monarchie (1904) S. 254 ff. und 272 ff.; Francesco Brandileone, Scritti di storia giuridica dell'Italia meridionale (1970) S. 273ff. (Ehevorschriften Rogers II.); Hans Niese, Die Gesetzgebung der normannischen Dynastie im Regnum Siciliae (1910) S. 72 ff.; Vito La Mantia, Storia della legislazione civile e criminale in Sicilia Comparate con le leggi italiane e straniere 1 (1866) S. 143.

und die der Angiovinen hielten an dieser Vorschrift fest [90]. Pseudo-Irnerius unterschied in seiner Summa codicis bei den incestis nuptiis: nuptie — inceste — nefarie — inutiles [91]. Die Eheschließung einer Freien mit einem Unfreien war nicht rechtsgültig [92]; heiratete ein Freier eine Unfreie, mußte er sie zunächst freilassen [93]. Mit dem Wegfall der Unfreiheit fielen diese Hindernisse weg und es blieben nur gewisse Standesunterschiede bestehen, die jedoch auf die Rechtsgültigkeit der Ehe keinen Einfluß hatten.

Der Ehebruch scheint in Italien sehr häufig gewesen zu sein, da er sowohl in den Statuten der Kommunen wie auch in der Gesetzgebung Friedrichs II. allgemein unter Strafe gestellt wurde [94].

---

[90] Vgl. Huillard-Bréholles: Hist. Dipl. 4, 1 (1854) S. 134; Constitutiones regni Siciliae Lib. III Tit. XXII: De matrimoniis contrahendis; ferner Romualdo Trifone, La legislazione angioina (1921) S. CXCVI Verlobung in facie ecclesiae und S. CCVII ff., Erklärung der Ehegatten in der Kirche; ferner Hermann Dilcher, Die sizilische Gesetzgebung Kaiser Friedrichs II. (1975) S. 619 ff. LA 3, 22.

[91] Vgl. Hermann Fitting, Summa codicis des Irnerius (1894) S. 141, Buch V. c. 5. Die Urheberschaft von Irnerius ist bestritten. Vgl. Federico Patetta, Studi sulle fonti giuridiche medievali (1967) S. 341 ff. Delle opere recentamente attribuite ad Irnerio e della scuola di Roma; ferner S. 457 ff. Summa codicis e le questiones falsamente attribuite ad Irnerio. Zitiert künftig als Fitting, Pseudo-Irnerius. Enrico Besta, L'opera di Irnerio 2 vol. (1896), contributo alla storia del diritto Romano; Coing, Handbuch 1 (1973) S. 135 ff.

[92] Vgl. MGH LL IV (1868) S. 53 ff. Ed. Rothari c. 221.

[93] Vgl. MGH LL IV (1868) S. 54 Ed. Rothari c. 222 und S. 151 Ed. Liutprand C. 106.

[94] Vgl. z. B. Ferdinando Jacolie Albano Sorbelli, Statuto del Frignano (1913) S. 260 ff. De mulieribus adulteratis; Emilio Anderloni, Statuti di Averara (1913) S. 50 c. 70; Emilio Anderloni, Statuto di Dervio e Correno

Literatur:

Pertile, Storia 3 S. 284 ff.: § 108 Nozze e loro solennità.

Salvioli, Storia S. 382 ff.

Muratori, Ant. Ital. 2 (1739) S. 109 Diss. XX.

Emil Friedberg, Das Recht der Eheschließung, Nachdruck von 1865 (1965) S. 75 ff.

Hans Niese, Die Gesetzgebung der normannischen Dynastie im regnum Siciliae (1910) S. 73 ff.

Erich Caspar, Roger II. (1101-1154) und die Gründung der normannisch-sicilischen Monarchie (1904) S. 254 ff.

Romualdo Trifone, La legislazione Angioina (1921) S. CXCVI ff.

Enrico Besta, Scritti di storia giuridica meridionale (1962) S. 189 ff.

Ders., La Sardegna medioevale 2 (1966) S. 171 ff.

Francesco Brandileone, Scritti di storia giuridica dell'Italia meridionale (1970) S. 973 ff. Il diritto Greco-Romano nell'Italia Meridionale sotto la dominazione normanna.

Ders., Saggi sulla storia della celebrazione del matrimonio in Italia (1906).

Eduard Gans, Das Erbrecht in der weltgeschichtlichen Entwicklung 3 (1829) S. 103 ff. und 287 ff.

Pietro Rasi, Il diritto matrimoniale nei glossatori 1 (1940) S. 109 ff.

James A. Brundage, Concubinage and marriage in medieval Canon Law. Journal of medieval history Vol. I (1975) S. 1-17.

Joseph Freisen, Geschichte des kanonischen Eherechtes bis zum Verfall der Glossenliteratur (1888).

Rudolf v. Scherer, Über das Eherecht bei Benedikt Levita und Pseudoisidor (1879).

Coing, Handbuch 1 (1973) S. 382; zit. Johannes Lupus, De matrimonio et legitimatione.

Handwörterbuch zur deutschen Rechtsgeschichte — HRG — Bd. 1 (1964 ff.) Art. Ehe S. 809 ff.

(1913) S. 115 ff., cap. 46; Huillard-Bréholles, Hist. dipl. c. 1 (1854) S. 171 ff. Lib. III Tit. LXXXI; Antonio Tarlazzi, Statuti del Comune di Ravenna 1 (1886) S. 164 ff. Rubrica XII De adulteriis.

II. Die Raubehe

Eine eigenartige Art für die Eheschließung bedeutete schließlich die Raubehe, die sich merkwürdigerweise in Italien ziemlich lange erhalten hat. Nach langobardischem Recht konnte die Entführung einer Frau mit dem Endzweck einer Heirat mit späterer Einwilligung der Eltern und Erwerb der Muntgewalt gegen Geldstrafe in eine rechtswirksame Ehe verwandelt werden [95]. Auch die Kirche ließ in einem solchen Fall die Eheschließung zwischen beiden Teilen zu [96]. Natürlich mußten jedoch die kirchlichen Vorschriften über die Ehehindernisse beachtet werden. In einer Reihe von Statuten finden sich ähnliche Bestimmungen, die im allgemeinen Geldstrafen festsetzten [97]. Dagegen

---

[95] Vgl. MGH LL IV (1868) S. 44 ff. Ed. Rothari c. 186 ff. und S. 145 Ed. Liutprand c. 94; ferner Franz Beyerle, Die Gesetze der Langobarden (1947).

[96] Vgl. Emil Friedberg, Corpus iuris can. 1 (1879) S. 1290 ff. Decr. Grat. Sec. Pars. Causa 36 Questio II; MGH LL V (1889) S. 373 Lex Romana Raetica Curiensis Lib. IX c. XIX De raptu virginum vel viduarum; ferner Elisabeth Meyer-Marthaler, Lex romana Curiensis (1959) S. 373 Lib. IX cap. XIX und XX S. 373 ff.

[97] Vgl. z. B. Evelina Rinaldi, Statuto di Forli dell'anno MCCCLIX con modificazioni del MCCCLXXIII (1913) S. 216 c. XVIIII De raptu mulierum usw. Geldstrafe, Straffrei bei Heirat; Carlo Guido Mor, Statuti dei Predappio dell'anno 1382 (1941) S. 88 c. XIII De raptu mulierum: Geldstrafen in jedem Fall, auch bei Heirat; Pietro Sella, Costituzioni Egidiane dell'anno MCCCLVII (1912) S. 185 c. 41 De raptu mulierum: Geldstrafen; Romolo Caggese, Statuti della Repubblica Fiorentina 2 (1921) S. 229, Lib. III cap. CLVIII: De raptoribus mulierum; Giuseppe Liberali, Gli Statuti del Comune di Treviso 2 (1951) S. 165 cap. CCCCXXXVI: De raptu mulierum: Geldstrafen usw.

bestimmte die Gesetzgebung Friedrichs II. ausdrücklich, daß auch eine Heirat nicht die Strafe für den Frauenraub aufhob [98].

Literatur:
Salvioli, Storia S. 386 ff.
Pertile, Storia 3 S. 290 ff.

III. Das Konkubinat

Im Anschluß an diese Ausführungen ist noch kurz der eheähnlichen Verbindung zu gedenken; dazu zählt in erster Linie das Konkubinat. Während den Germanen das Konkubinat unbekannt war, hatte die Gesetzgebung Justinians über das Konkubinat und dessen Folgen eingehende Bestimmungen getroffen [99]. Die Langobarden schützten die Ehe und bestraften die Verstoßung der Ehefrau [100]. Sie erkannten jedoch die Verbindungen zwischen freien Unverehelichten ohne Erwerb der Muntgewalt seitens des männlichen Partners an. Die Kirche verbot zunächst den Verheirateten und Ledigen, eine Konkubine zu halten [101]. Später gestattete sie dem Ledigen eine concubina specialis, die er jedoch nicht ohne weiteres auswechseln konnte [102].

---

[98] Vgl. Huillard-Bréholles, Hist. dipl. IV/1 (1854) S. 24 Constitutiones Regni Siciliae Tit. XXII: De raptoribus virginum vel viduarum.

[99] Vgl. ed. Theodor Mommsen, Corp. iur. civ. 1 (1882) S. 332 Dig. Lib. XXV c. 7: De concubinis.

[100] Vgl. MGH LL IV (1868) S. 94 Ed. Grimowald c. 6 und 7.

[101] Vgl. Emil Friedberg, Corp. iur. can. cap. 1 (1879) S. 126. Decr. Grat. Prima pars Dist. XXXIV c. 4 und 6.

[102] Vgl. Pertile, Storia 3 S. 371 Anm. 9.

Das Konkubinat schuf zunächst zwischen dem Mann und der Konkubine keinerlei gegenseitige rechtliche Bindungen. Bei dem Konkubinat muß man unterscheiden zwischen dem Konkubinat unter freien Ledigen, das jederzeit in eine Ehe umgewandelt werden konnte, und dem Konkubinat bei einem verheirateten Ehemann und bei den Klerikern; letzterer Fall wird gesondert behandelt werden. Die norditalienische Statutengesetzgebung sah Strafen für das Halten einer Beischläferin neben der Ehefrau in und außerhalb des Hauses vor [103]. Dagegen wurden derartige Verhältnisse zwischen Ledigen milde beurteilt. In den Florentiner Statuten findet sich sogar der Ausdruck nati ex legitimo concubinatu [104].

Sardinien, Corsica

In Sardinien, das mit Corsica kulturell sich vom Festland unterschied, war das Konkubinat weit verbreitet und zwar in allen Klassen der Bevölkerung. Die Frauen hießen concuvas-amigas-fanti de lettu [105] und waren rechtlich teilweise den Ehefrauen gleichgestellt, vorausgesetzt, daß es sich allerdings um eine einzige und dauernde Konkubine handelte. In Corsica findet sich sogar ein Kontrakt a. 1287 vor dem Notar und

---

[103] Vgl. Eduard Gans, Das Erbrecht in weltgeschichtlicher Entwicklung 3 (1829) S. 246 ff. Statuten von Verona und S. 272 von Rom; Emilio Anderloni, Statuti di Avernara (1913) S. 41; Gina Fasoli - Pietro Sella: Statuti di Bologna (1937) S. 197 Lib. IV c. XXXIII; Evelina Rinaldi, Statuto di Forli dell'anno MCCCLIX (1913) S. 218 c. XX; Poggi, Statuta Communis Vercellarum, in: Historiae patriae Monumenta XVI (1876) S. 1236 c. 384.

[104] Vgl. Pertile, Storia 3 S. 372 Anm. 14.

[105] Vgl. Enrico Besta, La Sardegna medioevale 2 (1908/09) S. 178 ff.

2 Zeugen geschlossen, in dem ein solches Verhältnis genau bestimmt wurde. Hier ist aber insofern ein Unterschied gegeben, als die Betreffende auch zu allen häuslichen Diensten auf 6 Jahre verpflichtet wurde [106].

Literatur:
Pertile, Storia 3 S. 370 ff. § 114 Del concubinato.
Salvioli, Storia S. 408 ff.
Corpus iuris civilis 1, ed. Theodor Mommsen (1882) S. 332 Digesta Lib. XXV c. 7 de concubinis.
Hermann Fitting, Summa codicis des Irnerius (1894) (= Pseudo-Irnerius) S. 155 Lib. V. c. CXVIII De concubinis et naturalibus liberis.

IV. Konkubinat der Geistlichkeit

Nachdem bereits unter den Karolingern ein Zölibat für Bischöfe, Diakone und Subdiakone ausgesprochen war [107], wehrte sich die Geistlichkeit Jahrhunderte lang dagegen. Erst die Erstarkung des Papsttums unter Gregor VII. und Innozenz III. erbrachte das Verbot der Klerikerehe der höheren Geistlichkeit [108]. Allerdings waren die strengen Vorschriften, nach denen die Söhne von Geistlichen lebenslänglich zu Unfreien der Kirche wurden [108], im Laufe der Entwicklung weitgehend gelockert wor-

---

[106] Vgl. Gian Luigi Barni, Un contratto di concubinato in Corsica nel XIII secolo; Rivista di Storia del diritto italiano 22 (1949) S. 131 ff. 6jähriger Kontrakt.

[107] Vgl. I. Dom. Mansi, Sacrorum conciliorum nova et amplissima Collectio, Bd. 15 (1778) S. 871 ff. Concilium Wormatiense a. 867 c. IX.

[108] Vgl. MGH Const. 1 (1893) S. 75 Synodus Papiensis c. I-III; Pertile,

den [109]. Wenn auch eine Ehe, wie ausgeführt, unmöglich war, so war das Konkubinat bei der höheren Geistlichkeit sehr häufig, trotz aller Verbote. Man ist ja so weit gegangen, die Zeit zwischen 1400 und 1500 gerade im Hinblick auf die am Hofe der Päpste herrschenden Verhältnisse als ein Zeitalter der Bastarde zu werten [110]. Für diese Bastarde gab es keinerlei Beschränkung, weder in der weltlichen noch in der geistlichen Laufbahn. Im allgemeinen teilten die Kinder der Geistlichkeit die Rechtsstellung der Bastarde aus anderen unehelichen Verbindungen. Insbesondere stand ihnen und ihren Müttern keinerlei Erbrecht gegenüber dem väterlichen Nachlaß zu [111]. Das Aufsteigen in öffentliche Ämter und in den Ritterstand war ihnen grundsätzlich untersagt [112].

Literatur:

Dictionnaire de théologie Catholique — A. Vacant — E. Mangenot — E. Amann Bd. II/2 (1932), Art. Célibat écclesiastique S. 206 ff.

Hermann Horst, Die Stellung unehelicher Kinder nach kanonischem Recht (1971) S. 75 ff.

Carl Mirbt und Kurt Aland, Quellen zur Geschichte des Papsttums (1967) 1 S. 285 ff., Gregor VII. und Innocenz III.

Storia 3 S. 66; ferner Carl Mirbt und Kurt Aland, Quellen zur Geschichte des Papsttums und des römischen Katholizismus 1 (1967) S. 272.

[109] Vgl. Albert Dresdner, Kultur- und Sittengeschichte der ital. Geistlichkeit im 10. und 11. Jh. (1896) S. 307 ff.; Hermann Horst, Die Stellung unehelicher Kinder nach kanonischem Recht (1971) S. 75 ff.

[110] Vgl. u. a. Ludwig Pastor, Geschichte der Päpste Bd. 2 und 3.

[111] Vgl. Pertile, Storia 4 S. 115 Anm. 41. Eine Ausnahme im Königreich Sizilien: Huillard-Bréholles, Hist. Dipl. IV/1 (1854) S. 225/26 Lib. III Tit. XXVIII De filiis clericorum s. unter Erbrecht; auch Pertile, Storia 4 S. 66 Anm. 39.

[112] Vgl. Pertile, Storia 1 S. 357 Anm. 2; 3 S. 230 Anm. 31.

IV. KAPITEL

DIE BASTARDE

Allgemeines

Die unehelichen Kinder wurden in ihren Rechten und Ansprüchen je nach ihrer Herkunft beurteilt. Zunächst kam der naturalis-geborene ex soluto et soluta in Betracht. Ob hier nur ein gelegentliches Zusammentreffen oder ein eheähnliches Konkubinat vorlag, war unerheblich, obwohl das Konkubinat in einzelnen Rechtsgebieten in Italien verschieden beurteilt wurde [113]. Eine weitere Klasse bildeten die adulterini — im Ehebruch erzeugten Kinder — ferner die incestuosi — die aus einem Verhältnis, ja sogar aus einer anfechtbaren Ehe von Personen stammten, die in einem von der Kirche zum Ehehindernis erklärten Verwandtschaftsverhältnis standen [114]; diese waren im allgemeinen rechtlich schlechter gestellt als die naturales. Schließlich spielten die Klerikerkinder seit der zwangsweisen Einführung des Zölibats eine besondere Rolle, welche ihren Niederschlag in einer Reihe von gesetzlichen Verfügungen fand. Zunächst unterschieden die Langobarden naturales und illiciti, während

---

[113] Vgl. Pertile, Storia S. 370 ff. § 14 Del concubinato. Allerdings kannten das Gesetz bzw. die Statuten ein concubinato legitimo.

[114] Vgl. u. a. Hermann Fitting, Summa codicis des Irnerius (Pseudo-Irnerius) (1894) S. 155 Lib. V. cap. XVIII; Pertile, Storia 4 S. 67 und 587.

später die kirchenrechtlichen Begriffe maßgebend wurden [115]. Die Kirche selber betrachtete jede Art außerehelichen Verkehrs als Unzucht, erkannte dem Abkömmling einer solchen Verbindung ohne Unterschied öffentliche Rechte, Erbrecht usw. ab und erschwerte ihm den Eintritt in die geistliche Laufbahn. Im allgemeinen beschränkte sich die Kirche bei Aufstellung der Ehehindernisse auf das der Verwandtschaft, deren Nichtbeachtung u. U. die Gültigkeit der Ehe und damit die Rechtsstellung der Kinder beeinflußten. Dagegen zeigten sich der Staat und seine Organe den Bastarden gegenüber wesentlich entgegenkommender, was zunächst in der langobardischen Gesetzgebung, die stark germanisch beeinflußt war, ihren Niederschlag fand [116]. Sie gehörten zur Familie und hatten im wesentlichen die Rechtsstellung eines ehelichen Kindes, wenngleich bei gemindertem Erbrecht. Jedoch änderte sich ihre Lage zusehends seit Ausgang des 8. Jahrhunderts mit dem Übertritt der Langobarden zur katholischen Kirche. Ferner kamen die Abkömmlinge in Betracht aus Verbindungen, die auf dem in Italien noch lange Zeit üblichen Frauenraub beruhten. Zunächst war eine Eheschließung mit all ihren Rechtsfolgen unmöglich, eine spätere Gesetzgebung ließ eine solche bei Einwilligung der Eltern zu [117].

---

[115] Vgl. Pertile, Storia 3 S. 389 Anm. 14a.

[116] Vgl. MGH LL IV (1868) S. 35 Ed. Rothari cap. 154 ff. und S. 37 cap. 161; Pertile, Storia 3 S. 387 ff.

[117] Vgl. Pertile, Storia 3 S. 290 ff. insbes. S. 291 Anm. 30 und 30a; Evelina Rinaldi, Statuto di Forli dell'anno MCCCLIX (1913) S. 162 ff. cap. 19 De raptu mulierum; Carlo Guido Mor, Statuti di Predappio dell'anno 1382 (1941) S. 88 ff. c. 13 De raptu mulierum" Gina Fasoli, Statuti del comune di Bassano dell'anno 1289 e. 1295 (1946) S. 44 cap. XIIII; Giuseppe Liberali, Gli statuti del Comune di Treviso 2 (1951) S. 165 ff.; Huillard-Bréhol-

Schwieriger lag der Fall bei Kindern aus einer Putativehe. Wenn eine solche Ehe öffentlich und bei Unwissenheit der Eltern eingegangen wurde, galten die Kinder als ehelich. Jedoch galten sie als unehelich von dem Zeitpunkt ab, von dem die Eltern bei der Erzeugung die Ungültigkeit ihrer Ehe kannten [118]. Der Forbannitus (Gebannte) war bürgerlich tot; seine Ehe wurde aufgelöst und die von ihm nach seiner rechtsgültigen Verurteilung erzeugten Kinder galten als unehelich [119].

Literatur:

Pertile, Storia 1 S. 367 ff.; 3 S. 155 und 386-394; 4 S. 46 ff., 123, 140.

Salvioli, Storia S. 411 ff. und 541 ff.

Robert Davidsohn, Geschichte von Florenz 1 (1896) S. 765; 4/3 (1927) S. 366 ff.

Jacob Burckhardt, Die Kultur der Renaissance in Italien (1913) 1 S. 324.

Eduard Gans, Das Erbrecht in weltgeschichtlicher Entwicklung 3 (1829) S. 126, 236 ff. und 283 ff.

Hermann Fitting, Summa codicis des Irnerius (1894) (= Pseudo-Irnerius) S. 155 Lib. V. cap. XVIII; vgl. Anm. 91.

Schupfer, Manuale (1895) S. 348.

Léon Morillot, De la condition des enfants nés hors mariage in: Revue historique du droit français et étranger 12 (1866) S. 541 ff.

---

les, Hist. dipl. IV/1 (1854) S. 24 ff. Tit. XXII De raptoribus virginum vel viduarum; MGH LL 4 (1868) S. 44 Ed. Roth. c. 186 und S. 123 Ed. Liut. c. 31.

118 Vgl. Eduard Gans, Das Erbrecht in weltgeschichtlicher Entwicklung 3 (1829) S. 126 ff. (künftig: E. Gans, Das Erbrecht).

119 Vgl. Pertile, Storia 3 S. 224.

I. Anerkennung von Seiten des Vaters

Während die germanischen Rechte das Gottesurteil zur Feststellung der Vaterschaft kannten, gab es in Italien eine Klage des Unehelichen auf Alimente, womit eben im wesentlichen eine gewisse Anerkennung der Vaterschaft verbunden war. Diese Klage stand aber merkwürdigerweise auch den adulterini und incestuosi zu [120]; in gewissen Teilen von Italien genügte die allgemeine Kenntnis (Fama), der Schwur der Mutter und die eidliche Aussage von 6 Zeugen (in Piemont [121]). Sogar in den Statutarrechten findet sich eine Vorschrift, daß gegebenenfalls die Vaterschaft entweder durch die Öffentlichkeit — probati de publica voce et fama — oder durch drei glaubwürdige Zeugen nachgewiesen werden konnte [122].

II. Alimente

Im Zusammenhang mit der Anerkennung der Vaterschaft bestand im allgemeinen die Verpflichtung des Vaters, die unehelichen Abkömmlinge bis zu deren Volljährigkeit zu versorgen. Diese Fürsorgepflicht erstreckte sich auf alle Arten unehelicher

---

[120] Vgl. Pertile, Storia 3 S. 390 kanonisches Recht und Recht der Glosse.

[121] Vgl. Salvioli, S. 414 die publica fama, und Pertile, 3 S. 390 Anm. 17-19.

[122] Vgl. Evelina Rinaldi, Statuto di Forli dell'anno MCCCLIX (1913) S. 181 cap. 47, De probatione filiationis et consanguinitatis; Pertile, Storia 3 S. 390 Anm. 19.

Kinder und bildete u. U. eine Nachlaßverbindlichkeit [123]. Die unehelichen Töchter hatten u. U. sogar außerdem noch Anspruch auf eine dos im Falle ihrer Heirat wie die ehelichen [124]. Auch das kanonische Recht und die Glosse erkannten im weitesten Umfang das Recht der Illegitimen auf Alimente an [125], ebenso gewisse Statuten [126]. Die incestuosi hatten u. U. nur einen Anspruch auf Alimente [127].

III. Das Personalrecht — Stand des Bastards

Im allgemeinen war im Mittelalter das Familien- und Erbrecht eine Sache des kanonischen Rechts. Deshalb war die Frage, ob z. B. ein Nachkomme als ehelicher oder unehelicher Sohn zu

---

[123] Vgl. Pertile, Storia 4 S. 66 Anm. 36, insbes. S. 67 Anm. 42; Julius Ficker, Untersuchungen zur Erbenfolge des altgermanischen Rechtes 5/1 (1902) S. 22/23.

[124] Vgl. Pertile, Storia 4 S. 67 Anm. 42 Stat. di Lucca.

[125] Vgl. Pertile, Storia 3 S. 390; Pasquale Villari, I primi due secoli della Storia di Firenze 3. ed. Firenze S. 376; Hermann Fitting, Summa codicis des Irnerius (1894) (Pseudo-Irnerius) S. 155; cap. XVIII spricht von einer concubina unica; Enrico Besta, La Sardegna medioevale 2 (1908/09) S. 177 ff.: Fois de concuva.

[126] Vgl. z. B. Giuseppe Barelli, Gli Statuti di Garessio, (1907) S. 186 ff. cap. 155. De nutriendis filiis: tam homo quam femina qui habet et de cetero habebit aliquos filios tam legitimos quam bastardos qui moretur in ulmeta debeat eos nutriri et gubernare expensis suis; Romolo Caggese, Statuti della Repubblica Fiorentina 2 (1921) S. 123 Lib. II. cap. XLVIIII: De alimentis bezieht sich wohl auch auf Bastarde.

[127] Vgl. Hermann Fitting, Summa codicis des Irnerius (1894) S. 156 Lib. V cap. XVIII. Vgl. Anm. 91.

gelten habe, zunächst in die Zuständigkeit der geistlichen Gerichte gerückt [128]. Die Kirche hat jedoch von dieser Befugnis nur beschränkt Gebrauch gemacht. Wenn auch bei Erbstreitigkeiten die Entscheidung Sache des geistlichen Gerichts war, so ging doch, da es sich häufig um Lehensrechte und anderes handelte, die Zuständigkeit auf die weltlichen Gerichte über. Nur als Herrscher des Kirchenstaates war der Papst für Entscheidung solcher Fragen zuständig, zumal es sich um res ad temporalia und nicht ad spiritualia handelte. In der französischen Gesetzgebung wurde die Zuständigkeit der staatlichen Gerichte ziemlich früh festgestellt [129].

Eine sehr schwierige Frage ist, nach welchem Recht die Bastarde lebten. Bei den Langobarden hatte der uneheliche Sohn, der in der Familie des Vaters aufwuchs, wie ausgeführt, eine Reihe von Rechten, die im Edictus festgelegt waren: Vormundschaft über die ehelichen Schwestern, Teilnahme am Schmerzensgeld usw., so daß er wohl nach langobardischem Recht lebte [129a]. Lebten die Eltern infolge des Personalrechtes [130] nach verschie-

---

[128] Vgl. Carl Mirbt und Kurt Aland, Quellen zur Geschichte des Papsttums (1967) 1 S. 308, Decretale per venerabilem von Innocenz III.; Emil Friedberg, Corp. jur. can. 2 (1881) S. 709 Decr. Greg. IX Lib. IV Tit. XVII Qui filii sint legitimi, insbes. S. 714 cap. XIII; Robert Génestal, Histoire des la légitimation des enfants naturels en droit canonique (1905) S. 93 ff. (künftig: R. Génestal, La légitimation).

[129] Vgl. Philippe de Beaumanoir, Coutumes de Beauvoisis ed. par Amadée Salmon 1 (1899) S. 279 ff. cap. 578.

[129a] Vgl. Hermann Winterer, Die Stellung des unehelichen Kindes in der langobardischen Gesetzgebung, in: ZRG Germ. Abt. 87 (1970).

[130] Vgl. Richard Schröder und Eberhard Frh. v. Kuenssberg, Deutsche Rechtsgeschichte (1932) S. 249 ff.; Salvioli, Storia S. 56 ff.; Pertile, Storia 1 S. 66 Anm. 7 und 8.

denen Rechten, so folgten die Bastarde wohl in erster Linie der Mutter, mit der sie ja verwandt waren, zumal häufig gesetzlich kein Vater vorhanden war. Immerhin findet sich eine Bestimmung, welche dem Unehelichen, der aus einem Ehebruch stammte, ein Wahlrecht gab, nach welchem Rechte er leben wollte [131]. Dieser Fall war aber wohl ein besonderer, und es erscheint auf Grund der vorliegenden Rechtsquellen nicht angezeigt, ihn zu generalisieren [132]. Dieses Personalrecht wurde jedoch im Laufe der Entwicklung durch das Territorialitätsprinzip des Rechtes abgelöst [133]. Carolus de Rosa unter anderem hat in seinem Kommentar über die consuetudines von Neapel ausgeführt, daß der Bastard beim Fehlen ehelicher Nachkommen die Mutter und deren Verwandte beerbte [134]. Man kann also feststellen, daß das uneheliche Kind, dessen Vater häufig unbekannt war, in den verschiedenen Gesetzgebungen Italiens rechtlich als nur mit der Mutter verwandt galt und daher auch nach deren Recht lebte.

---

[131] Vgl. MGH LL 4 (1968) S. 593, Quaestiones ac Monita § 30: Justum est, ut homo de adulterio natus vivat quali lege voluerit.

[132] Vgl. Carl von Savigny, Geschichte des römischen Rechtes im Mittelalter 1 (1834) S. 140, der den Begriff adulterium in ausgedehnterem Sinne interpretiert.

[133] Vgl. Schupfer, Manuale S. 7 ff. und 217 ff.

[134] Vgl. Léon Morillot, De la condition des enfants nés hors mariage, in Revue historique du droit français et étranger 12 (1866) S. 541 (künftig: Morillot, Des enfants).

IV. Stellung in der Familie

Im allgemeinen wuchs das Kind wohl bei der Mutter auf, weil ja auch die Rechtsbeziehungen der Mutter zu dem unehelichen Kinde stärker waren als des Vaters. War der Vater nicht verheiratet und lebte er mit der Mutter — Konkubine — zusammen, so gab es ein Familienleben, zumal derartige Verhältnisse im Laufe der Entwicklung immer weniger Anstoß erregten. Es gab auch häufig Fälle, in denen eheliche und uneheliche Kinder in der Familie miteinander aufgezogen wurden, wobei bis 1500 keinerlei Unterschiede gemacht wurden, besonders auch in den Fürstenfamilien der Renaissance [135]. In diesem Zusammenhang ist besonders auch auf Sardinien hinzuweisen, wo die Konkubine, welche im Haushalt der Familie lebte, beinahe wie eine Ehefrau gehalten wurde, ebenso wie ihre Kinder, man sprach von einem legitimo concubinato [136]. Die Volljährigkeit richtete sich nach den allgemeinen Bestimmungen und schwankte zwischen 18 und 20 Jahren.

---

[135] Vgl. Robert Davidsohn, Geschichte von Florenz IV/3 (1927) S. 366 ff.; Memoires de Philippe de Comynes ed. par B. de Mandrot 2 (1903) S. 113; Pertile, Storia 3 S. 388 ff.

[136] Vgl. Enrico Besta, La Sardegna medioevale 2 (1908/09) S. 178 Fanti di lettu; Pertile, Storia 3 S. 372 Anm. 14.

V. Vormundschaft

Eine der schwierigsten Fragen ist wohl die der Vormundschaft über Uneheliche, da der Vater meistens zu dem Bastard in keinerlei Rechtsverhältnis stand. Aus diesem Grunde fiel die Vormundschaft dem Muntwalt der Mutter des Bastardes zu [137]; jedoch bestanden zahlreiche Ausnahmen. In Savoyen, das zum französischen Rechtsgebiet gehörte, bestand das droit de bâtardise, das unter anderem dem Seigneur das Recht der Vormundschaft über Uneheliche einräumte [138]. Wurde jedoch der Bastard in der Familie des Vaters mit den ehelichen Kindern zusammen aufgezogen, so übte wohl der uneheliche Vater die Vormundschaft aus [139]. Ein Konkubinenkind trat ferner in die Gewalt des Erzeugers, wenn es der Kurie überliefert wurde [140].

---

137 Vgl. Pertile, Storia 3 S. 389; Eduard Gans, Das Erbrecht 3 (1829) S. 267 ff.

138 Vgl. Pertile, Storia 3 S. 387 ff.

139 Vgl. z. B. Kehr, Papsturkunden in Benevent, Nachrichten Göttingen, 1898 S. 76 ff. Privileg Honorius' II. für die Stadt Troia S. 77: Naturales masculi femineque sub patris seu parentum potestate permaneant.

140 Vgl. auch Hermann Fitting, Summa codicis des Irnerius (Pseudo-Irnerius) (1894) S. 155 lib. V. c. XVIII: Naturales autem sui et in potestate efficiuntur, si curie dantur; ebenso Max Conrat, Das Florentiner Rechtsbuch (1882) S. 4 ff.

VI. Der Bastard in der Öffentlichkeit

Die Stellung des Bastardes in der Öffentlichkeit zeigt eine lange geschichtliche Entwicklung. Im langobardischen Recht erhielt der naturalis das Recht des Vaters und stand in enger Verbindung mit dessen Familie (Anspruch auf Bußrecht, Erbrecht und Vormundschaftsrecht) [141]. Im allgemeinen folgten wohl die naturales, da sie ja juristisch gesehen keinen Vater hatten, gemäß dem Personalprinzip dem Rechte der Mutter. Jedoch hatten die adulterini, wie erwähnt, ein freies Wahlrecht [142]. Das kanonische Recht, dem auch das weltliche Recht bald folgte, betrachtete jedoch die uneheliche Abkunft der Bastarde als schweren Makel. Sie wurden jetzt als infames betrachtet [143]. Dadurch war ihre öffentliche Stellung weitgehend gemindert und ihre Beziehungen zu der Familie beinahe aufgehoben [144]. Sie konnten nicht als Mitglieder öffentlicher Rechtsver-

---

[141] Vgl. Horst Hermann, Die Stellung unehelicher Kinder nach kanonischem Recht (1971) S. 61 ff.; Heinrich Brunner, Die uneheliche Vaterschaft in den älteren germanischen Rechten ZRG Germ. 17 (1896) S. 1 ff., und in Bd. 19 (1898) S. 76 ff.; Heinrich Brunner, Nobiles und Gemeinfreie der karolingischen Volksrechte; ferner MGH LL IV (1868) S. 36, Ed. Rothari cap. 154 und S. 36 ff. cap. 158 ff.

[142] Vgl. MGH LL IV (1868) Quaestiones ac monita S. 593 § 30; Pertile, Storia 1 S. 66 Anm. 7.

[143] Vgl. Pertile, Storia 3 S. 388.

[144] Merkwürdigerweise wurde gelegentlich ein Regreßrecht des Vaters für die Straftaten seines unehelichen Sohnes, soweit er in der Familie aufgenommen war, anerkannt: Vincenzo Federici, Statuti di Viterbo (1930) c. 132 S. 253/54.

tretungen gewählt werden [145], der Zugang zu den Zünften [146], dem Notariat und anderen Berufen [147] war ihnen versperrt. Aber immerhin behandelte man derartige Verhältnisse mit einer gewissen Unbefangenheit [148]. Sehr häufig wurden die unehelichen Kinder zugleich mit den ehelichen aufgezogen, z. B. bei den Fürstenhöfen der Este, Medici, aber auch in bürgerlichen Kreisen, so daß die strengen Verbote für Bastarde illusorisch wurden. So bestanden im Laufe der Entwicklung für sie weder für die geistliche noch für die weltliche Laufbahn Hindernisse [149]. Schon Philippe de Comines erörtert in seinen Memoiren, daß in Italien seinerzeit keinerlei Unterschied zwischen einem Bastard

---

[145] Öffentliche Rechtsvertretungen: Vgl. Pertile, Storia 3 S. 230 Anm. 31; E. Gans, Das Erbrecht 3 (1829) S. 283 für Rom; Léon Morillot, Des enfants S. 542; Heinrich Kretschmayr, Geschichte von Venedig 3 (1934) S. 189 ff.; Luigi Villanueva, Raccolta delle consuetudini siciliane 1 (1894) S. 449 ff.

[146] Zugang zu den Zünften: Vgl. Alfred Doren, Das Florentiner Zunftwesen (1908) S. 143 und 163.

[147] Zugang zu Notariat und Richterstand: Vgl. Robert Davidsohn, Geschichte von Florenz 4/2 (1925) S. 122; Ferdinand Kogler, Die legitimatio per rescriptum von Justinian bis zum Tode Karls IV. (1904) S. 47; E. Winkelmann, Acta imperii inedita 1 (1880) S. 710 Nr. 934: Friedrich II. als König von Sizilien entfernt einen Notar illegitimer Herkunft, bis er eine Legitimation beigebracht hatte; ferner Pertile, Storia 3 S. 388 Anm. 6. Heerdienst: Pertile, Storia 2, 2 S. 304 Anm. 76; 1 S. 357.

[148] Vgl. z. B. Robert Davidsohn, Geschichte von Florenz 1 (1896) S. 765 ff., 4/3 (1927) S. 366 ff.

[149] Vgl. z. B. Jacob Burckhardt, Die Kultur der Renaissance in Italien (1913) 1 S. 21 ff. und 324 ff.; E. Rodocanachi, La femme italienne avant, pendant et après la Renaissance (1922) S. 308 ff.; Filippo Ugolini, Storia dei conti e duchi d'Urbino 1 (1859) S. 211 ff.; Ludwig Pastor, Geschichte der Päpste 2 (1894) und 3 (1899) S. 87 ff.; Casimir Choledowski, Der Hof von Ferrara (1921).

und ehelichem Kind bestand und man kann die Zeit in Italien zwischen 1400 und 1500 als Zeitalter der Bastarde bezeichnen, wobei die Verhältnisse am päpstlichen Hof und an den Fürstenhöfen den Zeitgeist wesentlich spiegelten.

VII. Bastard und Adel

Ob der illegitime Nachkomme eines Adeligen die Nobilität des Vaters erwerben konnte, war umstritten, wurde aber grundsätzlich negiert[150]. Jedoch gab es zahlreiche Ausnahmen. So bestimmte Galeazzo Sforza, daß ein Sohn von ihm, adulterinus, im Range unmittelbar nach seinen ehelichen Söhnen zu setzen sei[151]. In den italienischen Fürstenhäusern Este, Visconti, Carrara, Malatesta und Medici, spielten die Auseinandersetzungen zwischen ehelichen und unehelichen Abkömmlingen eine große Rolle und haben die Politik jener Staaten maßgebend im 14. und 15. Jahrhundert beeinflußt[152]. Es wurden an den Höfen, wie ausgeführt, Bastarde und eheliche Kinder miteinander aufgezogen.

---

[150] Vgl. Pertile, Storia 3 S. 155 Anm. 77d.

[151] Vgl. Pertile, Storia 3 S. 388 Anm. 9; ferner Pertile, 3 S. 389 Anm. 13, Savoyen: Naturales si orti ex nobilibus nullam nobilitatem retineant. Im Falle einer Legitimation bekamen sie den Adel ihres Vaters, allerdings nur den niederen Adel, Pertile, 3 S. 394 Anm. 34; ferner Léon Morillot, Des enfants S. 542; ferner Robert Davidsohn, Geschichte von Florenz 4/3 (1927) S. 366.

[152] Vgl. Pertile, Storia 2, 1 S. 223/224 Anm. 25-30. Jakob Burckhardt, Zeitalter der Renaissance (1913) 2 S. 20 ff.

VIII. Die Klerikerkinder — nach den Bestimmungen des Kanonischen Rechts

Nachdem in gewissem Umfang die Unterschiede in der Herkunft des Bastardes sich angeglichen hatten, war die Stellung der Klerikerkinder besonders drückend [153]. Die Synode von Pavia hatte 1022 die Ehe der Geistlichen — in omni gradu ecclesiae — verboten und bestimmt, daß die Kinder aus solchen Verbindungen ewige Unfreie der Kirche bleiben sollten [154]. Das 2. lateranensische Konzil von 1139 bestimmte, daß alle Subdiakone und höheren Kleriker des officiums und beneficiums zu berauben seien [155], nachdem schon Papst Gregor VII. eine Reihe von Gesetzen und Maßnahmen durchführte, um die Ehelosigkeit der Geistlichkeit zu sichern [156]. Allerdings sind die strengen Bestimmungen infolge der späteren Papstwirren nicht allgemein durchgeführt worden. Die Kirche entwickelte die irregularitas ex defectu natalium [157], die gleichzeitig auf Bastar-

---

[153] Vgl. allgemein: Robert Génestal, Histoire de la légitimation des enfants naturels en droit canonique (1905) (künftig: R. Génestal, La légitimation); Martin Bölens, Die Klerikerehe in der kirchlichen Gesetzgebung (1968); Albert Dresdner, Kultur- und Sittengeschichte der italienischen Geistlichkeit (1890) S. 306 ff.

[154] Vgl. MGH Const. 1 (1893) S. 70 insbesondere S. 75, Leges Papienses. Karl Mirbt und Kurt Aland, Quellen zur Geschichte des römischen Papsttums 1 (1967) S. 272.

[155] Joa. Dominicus Mansi, Sacrorum conciliorum nova et amplissima collectio (1776) 21 S. 527 c. VI, Nachdruck Paris 1903.

[156] Vgl. Carl Mirbt und Kurt Aland, Quellen zur Geschichte des römischen Papsttums 1 (1967) S. 285 ff.

[157] Vgl. Robert Génestal, La légitimation (1905) S. 3 ff. A. Vacant —

de aller Herkunft Anwendung fand. Ferner erließ sie eine Reihe von Anordnungen für Kinder von Geistlichen. Grundsätzlich wurde bestimmt, daß ihnen die Zulassung ad sacra officia verwehrt wurde, während vorübergehend die adulterini zugelassen waren [158]. Allerdings war den ersteren, wenn sie sich längere Zeit als Mitglieder eines Klosters oder Kapitels bewährt hatten, der Zugang zu den Weihen erlaubt. Der Kirche kam es u. a. darauf an, die Benefizien nicht erblich werden zu lassen [159]. Ein Erbrecht war den Bastarden und ihren Müttern gegenüber den geistlichen Vätern versagt [160]. Die weltliche Gesetzgebung erstreckte ihre Verbote für die öffentliche Stellung der Unehelichen auch auf die Söhne der Geistlichkeit [161]. Diese Verbote hinderten allerdings nicht, daß die kirchlichen Dignitäten zur Unterbringung von weltlichen und geistlichen Bastarden weitgehend zwischen 1300 und 1500 mißbraucht wurden.

E. Mangenot — E. Aman, Dictionnaire de théologie catholique VII/2 (1923) S. 2554 ff.

[158] Vgl. Emil Friedberg, Corpus juris canonici 1 (1879) Decretum Gratiani S. 219 Prima Pars, Distinctio LVI c. 1 und S. 221 c. VIII; ferner Bd. 2 (1881) S. 977 Sexti Decretal. Lib. I Tit. XI C. 1 und 2 für alle unehelichen Kinder.

[159] Vgl. Robert Généstal, La légitimation S. 33 ff.

[160] Pertile, Storia 4 S. 115 Anm. 41; J. D. Mansi, Conc. Coll. 26 (1784) S. 226: Concilium Paduanum provinciale a. 1550: De vita et honestate clericorum et quod eorum concubinae ipsarumque filii ex ipsorum testamentis nihil capiant.

[161] Vgl. z. B. Luigi Villanueva, Fonti del diritto Siculo 1 (1894) S. 486; Consuetudini di Palermo cap. LXVIII S. 451 und 486; Constitutione praesenti Iudex aut notarius publicus aliquis qui vilis conditionis sit aut angarius forsitan itemque filii clericorum spurii aut modo quolibet naturales in posterum creari non possint. — Horst Herrmann, Die Stellung unehelicher Kinder nach kanonischem Recht (1971) S. 58 ff.

In diesem Zusammenhang ist auch auf die Verhältnisse bei den langobardisch-italienischen Eigenkirchen zu verweisen. Bei diesen befand sich auch eine Gruppe von Gründungen durch Geistliche, die sie selbst geistlich versahen und in ihrer Familie weiter vererben wollten. Wenn auch zunächst Blutsverwandte geistlichen Standes zugezogen wurden, gab es doch immerhin Fälle, in denen verheiratete Priester eine Eigenkirche innehatten, zumal das Zölibat bei der Landgeistlichkeit bis ca. 1000 nicht allgemein beobachtet wurde, und ihre Eigenkirche ihren Söhnen vererbten [161a]. So übergab z. B. im Jahre 1052 der Priesterabt Muskatus des Klosters S. Sophia in Salerno dem Priestermönch Niclaus, Sohn des Mönches Leontius, und seinem Sohn, dem Mönch Leo, das Kloster S. Veneris in Turnitum mit allem Zubehör zeitlebens. Der Sohn konnte nach dem Tode des Vaters das Kloster gegen eine Abgabe an den Abt von 80 Tarener in Gold behalten. Nach dem Tode beider sollte das Kloster an S. Sophia zurückfallen; jedoch durften die Erben mit dem Nachlaß abziehen [161b].

[161a] Hans Erich Feine, Studien zum langobardisch-italienischen Eigenkirchenrecht, Teil I ZRG Kan. 61 (1941) S. 68 Anm. 183 und S. 71 ff.

[161b] Hans Erich Feine, Studien zum langobardisch-italienischen Eigenkirchenrecht, Teil III ZRG Kan. 63 (1943) S. 150 ff.

V. KAPITEL

DIE LEGITIMATION

Einleitung

Die Legitimation ist eine Rechtshandlung, durch die uneheliche Kinder die Stellung eines ehelichen Kindes in weiterem oder beschränkterem Umfang erwerben konnten. Das römische Recht kannte sowohl die legitimatio per subsequens matrimonium als auch die legitimatio per rescriptum principis. Jedoch ging die Kenntnis dieser beiden Rechtsinstitute in Italien im Laufe der Völkerwanderung verloren. Obwohl die justinianische Gesetzgebung nach Vernichtung der Ostgotenherrschaft in Italien eingeführt wurde, war nach dem Einfall der Langobarden das langobardische Recht maßgebend. Dieses kannte wohl eine beschränkte Legitimation bei Heiraten von Freien mit Unfreien und Aldinen [162]. Im übrigen gehörte das vom Vater anerkannte uneheliche Kind zur Sippe und teilte deren Rechte und Pflichten im wesentlichen mit den ehelichen Kindern.

Literatur:
Pertile, Storia 3 S. 386 ff.

---

[162] Vgl. MGH LL 4 (1868) S. 54 Ed. Rothari cap. 222, S. 151 Ed. Liutprand cap. 106 und S. 351 Lib. Pap., zu Rothari cap. 222 und S. 451 zu Liutprand cap. 105. Aus dem Wortlaut ist wohl zu schließen, daß die vor der Heirat erfolgte Freilassung rückwirkende Folgen hatte.

Salvioli, Storia S. 414 ff.
Julius Ficker, Forschungen 2 (1869) S. 94 ff.; 4 (1874) S. 432 ff.
Eduard Gans, Erbrecht 3 (1829) S. 293 ff.
Ferdinand Kogler, Beiträge zur Geschichte der Rezeption und Symbolik der legitimatio per subsequens matrimonium (1904) (künftig: F. Kogler, Beiträge).
Ders., Die Legitimatio per rescriptum von Justinian bis zum Tode Karls IV. (1904) (künftig: F. Kogler, legit. per. rescr.).
Robert Génèstal, La légitimation (1905) S. 105 ff.
Benvenuto Pitzorno, La Legittimazione nella storia delle istituzioni familiari del medioevo (1904) (künftig: Pitzorno, legittimazione).
Romualdo Trifone, La legislazione angioina (1921) S. CCVII ff.
A. Huillard Bréholles, Hist. Dipl. 6/1 (1860) S. 33.
Hermann Fitting, Summa codicis des Irnerius (1894) (= Pseudo-Irnerius).
Max Conrat, Die Lex Romana canonice compta (1907).
Giuseppe del Giudice, Codice diplomatico del regno di Carlo I e II d'Angio 1 (1863) S. 291 und 3 (1903) S. 96.
Giuseppe La Mantia, Codice diplomatico dei Re Aragonesi di Sicilia (1282-1355) 1 (1917).
Handwörterbuch zur deutschen Rechtsgeschichte (HRG) Bd. 2 (1964 ff.) Artikel Legitimation durch nachfolgende Ehe S. 1677.

I. Die Legitimation per subsequens matrimonium

Papst Alexander III. hat im 3. Laterankonzil 1179 die römisch-rechtliche legitimatio per subsequens matrimonium für das kanonische Recht, das sonst auf dem Gebiet des Familienrechtes maßgebend war, rezipiert [163]. Danach konnten alle un-

---

[163] Vgl. J. D. Mansi, Sacrorum conciliorum nova et amplissima collectio, Bd. 22, (1778) S. 388, Concilium Lateranense III (1179) Pars 33, cap. 1:

ehelichen Kinder ex soluto und ex soluta durch eine nachträgliche Eheschließung legitimiert werden. Adulterini, incestuosi und sonstige waren von dieser Wohltat ausgeschlossen, da eine Eheschließung der Beteiligten nicht möglich war. Besonders galt dieses auch für die Bastarde der Geistlichen [164]. Diese Art der Legitimation wurde von keiner Stelle bestritten und setzte sich auch in der weltlichen Gesetzgebung durch [165]. Voraussetzung war jedoch, daß es sich um Verbindung von Freien handelte und keine Ehehindernisse bestanden [166]. Es mußten liberi naturales sein, keine adulterini oder incestuosi. Das kanonische Recht nahm hier eine Ehe an, die, zwar schon früher ohne kirchliche Beteiligung geschlossen, nun ihre endgültige Weihe erhielt. Der auf diese Weise Legitimierte hatte ein volles unbeschränktes Erbrecht beiden Elternteilen gegenüber. Im Gegensatz zu später erklärte der Mailänder liber consuetudinum im Jahre 1260 auch diese Kinder für lehensfolgefähig [167]. Allerdings sprachen die libri feudorum den auf diese Weise legitimierten Söhnen das

---

Tanta est enim vis sacramenti, ut qui antea sunt geniti, post contractum matrimonium habeantur legitimi; ferner F. Kogler, Beiträge (1904) S. 3 ff.

[164] Vgl. R. Génestal, La légitimation (1905) S. 163.

[165] Vgl. u. a. Aldo Lusardi e Enrico Besta, Statuta Vegliae (1945) S. 187, Lib. Sec. cap. LXXXII: Quod filius natus ante matrimonium, eo completo, legitimus intelligatur.

[166] Vgl. B. Pitzorno, La légittimazione (1904) S. 206 ff., einzige Konkubine tenuta a casa del uomo. Vgl. Hermann Fitting, Summa Codicis (Pseudo-Irnerius) 1894, S. 155 Lb. V cap. 18; Max Conrat, Die Lex Romana canonice compta (1907) S. 37 ff. Ferner J. Ficker, Forschungen Bd. IV, (1874) S. 514, Nr. 505 ff.

[167] Vgl. E. Besta — Gian Luigi Barni, Liber consuetudinum Mediolani (1949) S. 129, cap. 13.

Erbrecht in die feudi ab [168]. Dieser Rechtsauffassung wurde aber von vielen Schriftstellern entgegengetreten [169]. Es bestand jedoch keine Möglichkeit, durch subsequens matrimonium Sklavenkinder zu legitimieren [170]. In Oberitalien war teilweise die legitimatio per subsequens matrimonium in Anlehnung an das französische Recht in der Form üblich, daß die Kinder bei der Trauung mit einem Tuche überdeckt wurden [171]. Die leg. per subs. matrimonium war eine fictio retroactiva, gewissermaßen eine fictio legalis. Notwendig war eine Bestellung der dos und donatio propter nuptias mit Konsenserklärung durch ein schriftliches instrumentum nuptiale, wobei der Sohn legitimiert wurde [172].

II. Die Legitimation per rescriptum principis

1. *Die geschichtliche Entwicklung*

Justinian hatte durch die Novellen 74 und 89 das Institut der legitimatio per rescriptum principis eingeführt, welche für das

---

168 Vgl. K. Lehmann, Das langobardische Lehnrecht (1896) S. 151 Lib. Feud. II Tit. 26 § 11: Naturales filii, licet postea fiant legitimi, ad successionem feudi nec soli nec cum aliis vocantur.

169 Vgl. Pertile, Storia 3 S. 392 Anm. 27.

170 Vgl. Salvioli, Storia S. 324.

171 Vgl. Pertile, Storia 3 S. 391 Anm. 20 Cout. d'Aosta; F. Kogler, Beiträge (1904) S. 61 ff.

172 Vgl. J. Ficker, Forschungen 4 (1874) S. 514 ff. Nr. 505.

uneheliche Kind die Rechtsstellung eines ehelichen Kindes schuf [173]. Die langobardische Gesetzgebung hat sie nicht übernommen. Jedoch konnte der Vater seine unehelichen Kinder aequales aut consimiles facere legitimis filiis, wenn die ehelichen volljährigen Kinder dazu ihre Zustimmung erteilten [174]. Die Aufnahme der römisch-rechtlichen legitimatio ist zunächst unter Innocenz III. in der Form einer legitimatio per rescriptum papae vom 2. XI. 1201 in dem Fall der Legitimierung der Kinder Philipp Augusts von Frankreich aus seiner Verbindung mit Agnes von Meranien erfolgt [175]. Obwohl die Kirche während des Mittelalters die Ehegesetzgebung und die Ehegerichtsbarkeit beanspruchte, handelte es sich hier um eine wesentlich politische Angelegenheit, bei der Philipp August sich gewissermaßen freiwillig der päpstlichen Jurisdiktion unterstellte. Innocenz III. entsprach der Bitte des französischen Königs. Aus seinem unbeschränkten Dispensationsrecht ad spiritualia glaubte er ein ebenso unbeschränktes Legitimationsrecht ad temporalia ableiten zu können [176]. Die weltlichen Fürsten erkannten jedoch in der Folge das unbeschränkte Legitimationsrecht

---

[173] Vgl. R. Schöll — W. Kroll, Corpus iuris civilis 3 (1895) S. 370, Nov. 74 und S. 428 ff., Nov. 89.

[174] Vgl. MGH LL 4 (1868) S. 36 Ed. Rothari, cap. 155 u. S. 150 Ed. Liutprand cap. 105.

[175] Vgl. F. Kogler, Leg. per. rescr. princ. (1904) S. 14 ff. und 42 ff.; ferner A. Potthast, Regesta Pontificum Romanorum 1 (1874) S. 132 Nr. 1499; R. Génestal, La légitimation (1905) S. 82 ff.; Migne, Patrologia Bd. 214 (1890) S. 1192-1194.

[176] Vgl. Carl Mirbt und Kurt Aland, Quellen zur Geschichte des Papsttums und des römischen Katholizismus (1967) Bd. 1, S. 308 Decretale per venerabilem.

des Papstes nicht an [177]. Ihm verblieb lediglich ein Legitimationsrecht als Landesherrn des Kirchenstaates [178]. Daß der Papst sich der Beschränkung seines Legitimationsrechtes bewußt war, ergibt sich am besten durch die von Innocenz IV. am 9. VII. 1252 ausgesprochene Legitimation des Obizo von Este, indem er in einem Schreiben an den deutschen König Wilhelm von Holland ersucht, den Obizo von Este zu legitimieren [179]. Immerhin beanspruchte der Papst, bei Thronvakanzen allgemein zu legitimieren [180]. Nachdem die Kirche das römische Legitimationsrecht wieder zu Geltung gebracht hatte, beschäftigte sich die Rechtsschule von Bologna eingehend mit diesen Fragen, wobei auch das Legitimationsrecht der weltlichen Fürsten ausdrücklich anerkannt wurde.

2. *Das Legitimationsrecht und seine Anwendung*

Im Verlauf der Entwicklung entstand somit das Legitimationsrecht der weltlichen und unabhängigen Territorialherren für die unehelichen Kinder ihrer Untertanen. Während ur-

---

[177] Vgl. F. Kogler, Leg. per. rescr. princ. (1904) S. 41 Anm. 1 und die weiteren Ausführungen S. 42 ff.

[178] Vgl. J. Ficker, Forschungen 2 (1869) S. 96 Legitimierung durch den Erzbischof von Ravenna; ferner W. Hagemann, Geschichte der Marken, QFIAB 46 (1966) S. 168: Weisung Innozenz IV. an den Rektor der Mark Ancona, uneheliche Kinder eines verheirateten Arztes Petrus aus Tolentino zu legitimieren.

[179] Vgl. J. Ficker, Forschungen 4 (1874) S. 432/433; F. Kogler, Leg. per. rescr. princ. (1904) S. 96.

[180] Vgl. Ferdinand Kogler, Leg. per. rescr. princ. (1904) S. 24/25.

sprünglich nur liberi naturales — ex soluto et soluta geniti — durch rescriptum principis legitimiert werden konnten, erweiterte sich der Kreis zusehends, indem sowohl die nati ex adulterio, die incestuosi aus blutschänderischen Verbindungen und manzeres ex meretrice die Wohltat der Legitimierung genießen konnten, ohne Rücksicht darauf, ob eheliche Kinder vorhanden waren oder nicht [181].

Die Legitimation hob den Makel der Unehelichkeit und die damit begründete Rechtlosigkeit auf und befähigte zu allen Ämtern [182]. Bastarde wurden Mitglieder der Familien des Vaters und der Mutter. Je nachdem ihnen ein Erbrecht gegenüber den Eltern oder auch gegenüber deren Verwandten verliehen wurde, unterschied man eine legitimatio plena oder minus plena, ferner eine legitimatio ad honorem non ad successionem. Im allgemeinen kann man sagen, daß der Legitimierte in die Stellung eines ehelichen Kindes gegenüber beiden Elternteilen einrückte. Nur sein Erbrecht war häufig beschränkt [183]. Von der Möglichkeit der Legitimation hat Friedrich II. in seiner Eigenschaft als König von Sizilien wiederholt Gebrauch gemacht [184]. Im Jahre 1238 legitimierte er die 3 Söhne des Priesters Maurus von Neapel zu vollem Erbrecht gegenüber den Eltern unter Auflegung einer Vicesima von den jährlichen Einkünften, die den

---

181 Vgl. J. Ficker, Forschungen 2 (1869) S. 103 ff.

182 Vgl. F. Kogler, Leg. per. rescr. princ. (1904) S. 88 ff.; ferner Salvioli, Storia S. 415; Pertile, Storia 3 S. 393, Anm. 30.

183 Vgl. Die Ausführungen im Erbrecht.

184 Vgl. F. Kogler, Leg. per. rescr. princ. (1904) S. 45 ff.; ferner G. Ladner, Formularbehelfe in der Kanzlei Friedrichs II., MIÖG, 12. Erg.-Bd. (1933) S. 106 ff.

Legitimierten infolge der Legitimation zufielen. Diese Vicesima wurde auch den Kindern von Klerikern auferlegt, welche ohne Legitimation in den lebenslänglichen Genuß des Nachlasses der Eltern eintraten [185]. Die Legitimation mußte ggf. eigens ausgesprochen werden, wie z. B. in den Legitimationsrescripten der unehelichen Kinder des Theodosius de Curia und dem Sohn des Guercius de Verona [186]. Im Juli 1239 legitimierte Friedrich seinen unehelichen Sohn Enzio, König von Torre und Gallura, hier sowohl als deutscher Kaiser wie auch als König von Sizilien, da es sich ja auch um die Nachfolge in Sizilien handelte [187]. In Süditalien haben die Nachfolger der Hohenstaufen zahlreiche Legitimationen vorgenommen, so z. B. König Jakob von Sizilien im August 1286. Er legitimierte den Sohn eines Subdiakons von einer freien Frau, nach den Bestimmungen des römischen Rechtes und den Statuten von Messina [188], wobei ausdrücklich bestimmt wurde, daß zwar kein Erbrecht in die Feudalgüter der Eltern begründet wurde, er aber zu allen Ämtern als befähigt erklärt wurde. Dagegen bestimmte Jakob II. von Aragon als König von Sardinien in einer Legitimationsurkunde vom 4. III. 1471,

---

[185] Vgl. Huillard-Bréholles, Hist. Dipl. IV/1 (1854) S. 225/26, Lib. III Tit. XXVIII.

[186] Vgl. Ferdinand Kogler, Leg. per. rescr. princ. (1904) S. 49 ff. und Ladner (vgl. Anm. 184) S. 107/08.

[187] Vgl. F. Kogler, Leg. per. rescr. princ. (1904) S. 48 ff.; Böhmer-Ficker, Regesta imperii V Nr. 2458 bzw. 14735.

[188] Vgl. Giuseppe La Mantia, Cod. dipl. dei Re Aragonesi di Sicilia 1282-1355, 1 (1917) S. 325 ff.

daß die uneheliche Tochter eines Sarden feudale und andere Güter ohne Einschränkung erben könnte [189].

Interessant ist eine Verfügung König Karls I. von Neapel vom 7. Juli 1269 [190]. Wie ausgeführt hatte Friedrich II. den Söhnen der Geistlichen ein Nutznießungsrecht an dem Nachlaß ihrer Eltern gegen Entrichtung der Vicesima ohne eine Legitimation eingeräumt, wobei sie eine Art Erbrecht vor den anderen Verwandten beanspruchen konnten. Karl I. bestimmte nun in einem solchen Falle unter Aufhebung dieser Konstitution, daß die vorhandenen gesetzlichen Erben Anspruch auf diese Erbschaft machen konnten [190]. Karl I. legitimierte unter anderem eine uneheliche Tochter des Guglielmo di Palude im Jahre 1267 zu vollem Erbrecht, das allerdings durch die Geburt eines ehelichen Sohnes auf den gesetzlichen Erbteil reduziert werden sollte [191]. Als die Reichsgewalt der deutschen Kaiser nach dem Interregnum für den nominell noch zum deutschen Reich gehörenden Teil Nord- und Mittelitaliens nur noch eine ideale Größe vorstellte, benützten sie die Gelegenheit, aus dem Legitimationsrecht eine ergiebige persönliche Geldquelle zu machen. Sie übertrugen ihre Legitimationsbefugnisse mit verschiedenen Abstufungen an Adelige, Äbte, Bischöfe, Kommunen usw. in der mannigfachsten Art [192].

---

[189] Vgl. Hist. Patriae Monumenta Bd. XII (1867) S. 411/12; Tola, Cod. dipl. Sardiniae Bd. II.

[190] Vgl. Giuseppe del Giudice, Cod. Dipl. del regno di Carlo I e II d'Angiò del 1263-1309, 3 (1902) S. 96/97.

[191] Vgl. Giuseppe del Giudice, 1 (1863) S. 291. Siehe oben Anm. 190.

[192] Vgl. J. Ficker, Forschungen 2 (1869) S. 66 ff. und S. 99 ff.; 4 (1874) S. 500 und 534 ff.; F. Kogler, Leg. per. rescr. princ. (1904) S. 84.

In Italien entwickelte sich in der Folgezeit das Institut der kaiserlichen lateranensischen Pfalzgrafen, die eine Reihe von Befugnissen der freiwilligen Gerichtsbarkeit ausübten, darunter auch die Ernennung von Notaren und die Legitimierung unehelicher Kinder usw. Besonders Heinrich VII., Ludwig IV., Karl IV. und Friedrich III. haben in weitgehendem Umfang davon Gebrauch gemacht [193]. Allerdings fanden auch bei den Übertragungen des Legitimationsrechtes gewisse Beschränkungen statt [194]. Der Kreis der zur Legitimierung fähigen Bastarde umfaßte nach einem Privileg Ludwigs IV. schließlich filios naturales, tam spurios, quam manzeres et alios quocumque ex incesto coitu procreatos [195]. Ausgeschlossen waren jedoch die Bastarde „illustrium ducum, comitum, spectabilium, baronum procerum natis dumtaxat exceptis", deren Legitimierung dem Kaiser vorbehalten war [196].

3. *Wirksamkeit und Umfang der Legitimation*

Die erste Wirkung aer Legitimierung war, daß der Makel der Unehelichkeit und die damit verbundenen Rechtswirkungen aufgehoben wurden. Die Bastarde galten nun als eheliche Kin-

---

193 Vgl. J. Ficker, Forschungen 2 (1869) S. 66 ff., so z. B. an die Colonna 1315, an Castruccio u. a.

194 Vgl. J. Ficker, Forschungen 4 (1874) S. 500 ff. und 334 ff.; besonders das bestrittene Privileg der Venerosi; vgl. Pertile, Storia 3 S. 393.

195 Vgl. Pertile, Storia 3 S. 391 Anm. 23; J. Ficker, Forschungen 4 (1874) S. 500, 527, 539-541 ff.; F. Kogler, Leg. per. rescr. princ. (1904) S. 73 ff.

196 Vgl. J. Ficker, Forschungen 4 (1874) S. 536.

der mit allen öffentlichen und privaten Rechten [197], insbesondere mit Erbrechten gegenüber beiden Elternteilen — legitimatio ad honores et dignitates —. Allerdings kam es hier auf die Befugnisse des Legitimierenden an, in welchem Umfange unter Umständen das Erbrecht auf Eltern und Verwandte ausgedehnt werden konnte [198]. Es gab deshalb eine legitimatio plena und minus plena. Pitzorno unterscheidet genauer: legitimatio propria, die den Unehelichen völlig gleichstellt, legitimatio restitutiva — collativa — dispensatica — [199].

4. *Widerruf einer Legitimation*

Ein Widerruf konnte stattfinden wegen Undankbarkeit des Legitimierten, im Falle der Geburt eines ehelichen Sohnes [200], oder aber auch aus politischen Gründen, so z. B. die Aufhebung einer durch Friedrich II. ausgesprochenen Anerkennung durch Karl von Anjou im Jahre 1269 [201].

---

197 Vgl. F. Kogler, Leg. per. rescr. princ. (1904) S. 88 ff.

198 Vgl. F. Kogler, Leg. per. rescr. princ. (1904) S. 100 ff.; ferner Pertile, Storia 3 S. 393 Anm. 30; ferner J. Ficker, Forschungen 4 (1874) S. 500 ff., 527, 534, 536 und 538 ff.: Legitimationsurkunden mit den verschiedensten Erbrechten.

199 Vgl. B. Pitzorno, La legittimazione ... (1904) S. 251 ff.

200 Vgl. B. Pitzorno, La legittimazione ... (1904) S. 251 ff.

201 Vgl. G. del Giudice, Cod. dipl. del regno de Carlo I und II 3 (1902) S. 96 ff.

III. Weitere Arten der Legitimation

1. *Die Kommunen und kommunalen Kollegien*

Abgesehen von einer Reihe spezieller kaiserlicher Privilegien für einzelne Städte hatte, gestützt auf den Frieden von Konstanz 1183, eine Anzahl von Kommunen das Legitimationsrecht in verschiedener Ausdehnung für sich in Anspruch genommen [202]. Allerdings galt diese Legitimation nur für den Stadtbereich, wie auch Legitimation von auswärtigen Stellen vom Papst und Kaiser nicht immer anerkannt wurden. Die Statutargesetzgebung der einzelnen Kommunen ist nach Art und Umfang so mannigfaltig, daß hier nur einige Beispiele gegeben werden können. Rolandus Passagerii hatte eine uneheliche, im Ehebruch gezeugte Tochter. 1285 gestattete ihm die Gemeinde Bologna, ihr 300 Pfund zuwenden zu dürfen. Im folgenden Jahre fragte er bei der Gemeinde Bologna an, ob er seine Tochter von dem Grafen Venerosi auf Grund kaiserlicher Privilegien mit Rechtsfolge legitimieren lassen könnte, was von der Gemeinde zugestanden wurde [203]. Aufgrund dieser Vorkommnisse legte sich allem Anschein nach die Stadt Bologna selbst die Befugnisse zu, im Jahre 1287 den ehelichen Sohn des Egidius Fuscararius zu

---

[202] Vgl. Pertile, Storia 3 S. 392 Anm. 25 und 26; ferner u. a. z. B. Robert Davidsohn, Geschichte von Florenz 4/3 (1927) S. 366 ff.; G. Becker, The society of Renaissance Florence (1971) S. 59 ff.: zwei Petitionen an die Stadt Florenz betr. Legitimation Unehelicher; B. Pitzorno, La legittimazione (1904) S. 256/57.

[203] Vgl. J. Ficker, Forschungen 2 (1869) S. 99 ff.

legitimieren [204]. In Arezzo z. B. konnte nur der Vater einen unbeschränkten Antrag auf Legitimierung stellen [205]. Dagegen bestand in Venedig der Grundsatz, daß Uneheliche nicht legitimiert werden konnten, wobei Legitimation durch dazu berechtigte Ausländer nicht anerkannt wurde, und auch die so Legitimierten keinen Zutritt zu den Ämtern hatten [206].

2. *Legitimatio per nuncupationem*

Es gab auch die Form der nuncupatio, welche unter gewissen Voraussetzungen möglich war. Es durften keine Ehehindernisse zwischen beiden Teilen bestehen, die affectio maritalis gegeben und keine ehelichen Kinder vorhanden sein, ferner mußte eine entsprechende schriftliche Äußerung oder Handlung von Seiten des Vaters vorliegen, ferner eine öffentliche Erklärung von drei Zeugen, daß der Sohn ehelich und erbberechtigt sein sollte [207].

---

[204] Vgl. J. Ficker, Forschungen 2 (1869) S. 101.

[205] Vgl. Giulia Marri Camerani, Statuto di Arezzo (1946) S. 170 Lib. III cap. CLVIII; ferner Anerkennung kirchlicher und kaiserlicher Legitimationen.

[206] Vgl. Statuta Veneta, Volumen statutorum, legum ac iurium tam civilium quam criminalium, in Venetiis 1709, S. 286; H. Kretschmayr, Geschichte von Venedig 3 (1934) S. 189/90; Daru, Histoire de Venise (1838) S. 91.

[207] Vgl. Benvenuto Pitzorno, La legittimazione ... (1904) S. 236; ferner Aegidius Forcellini, Lexicon Totius Latinitatis 4 (1826) S. 319: Artikel Nuncupatio; Ernst Kantorowicz, Zu den Rechtsgrundlagen der Kaisersage, Deutsches Archiv 13 (1957) S. 124 f. mit Anm. 33.

3. *Legitimatio per testamentum*

Gelegentlich findet sich eine Legitimation durch Testament. So bestimmte ein Notar von Parma in seinem Testament seinen unehelichen Sohn Stephanus zu seinem Erben, als ob er sein ehelicher Sohn wäre. Das Testament wurde anerkannt und der Erbe galt als ehelich [208].

4. *Legitimatio propter officium u. a.*

Eine Legitimatio propter officium fand statt durch die Erhebung eines Unehelichen zum Bischof. In diesem Zusammenhang ist ferner darauf hinzuweisen, daß die römisch rechtliche Form der legitimatio per oblationem curiae nicht mehr geübt wurde[209]. Auch bei der Legitimierung von Manfred durch Friedrich II. spielten ähnliche Gesichtspunkte eine Rolle [210].

5. *Legitimation in Form einer arrogatio*

In Venedig legitimierte ein Ehepaar 1353 vor dem Notar die uneheliche Tochter des Gatten — legitime arrogavit — mit allen

---

[208] Vgl. Amadeus Ronchini, Statuta Communis Parmae ab anno 1266 (1857) S. 230/31, Lib. II Qualiter Barulfus notarius potest sibi heredem instituere Stephanum filium suum.

[209] Vgl. Benvenuto Pitzorno, La legittimazione ... (1904) S. 239 ff. und Salvioli, Storia S. 414.

[210] Vgl. Muratori, Rer. Ital. Script. 8 (1726) S. 497 ff.; Nicolaus de Iamsilla, Historia de rebus gestis Imp. Fred. II S. 787 ff.; Saba Malaspina, Rerum Sicularum Libri VI.

rechtlichen Folgen und sicherte ihr im Fall ihrer Heirat eine dos zu [211].

6. *Der Begriff matronizatio*

In Sardinien war das Konkubinat weit verbreitet; es entwickelte sich dort eine legitimatio ex auctoritate iudicis. Ein Richter von Torres namens Mariano hatte aus einer Inzestehe eine Tochter Preziosa an einen Doria verheiratet; er legitimierte sie aufgrund seiner väterlichen Gewalt; diesen Vorgang nannte man matronizatio [212].

7. *Die Legitimierung und das Feudalrecht*

Im allgemeinen hatte sich im Laufe der Entwicklung der Grundsatz durchgesetzt, daß legitimierte Söhne in kein Feudum nachfolgen konnten [213]. Doch gab es zahlreiche Ausnahmen, so z. B. eine vollständige Legitimation von Johann II. von Aragon zu Gunsten einer unehelichen Tochter eines Sarden [214]. Dagegen

---

[211] Vgl. B. Pitzorno, La legittimazione (1904) S. 128 ff.

[212] Vgl. E. Besta, La Sardegna medioevale 2 (1908/09) S. 178, insbes. S. 178 Anm. 54.

[213] Vgl. K. Lehmann, Das Langobardische Lehenrecht (1896) S. 151, Vulgata Lib. II Tit. 26 § 11.

[214] E. Besta e Gianluigi Barni, Liber consuetudinum Mediolani anni MCCXVI, (1945) S. 129 cap. 12: Non ergo adoptivi filii nec naturales facti postea legitimi ad successionem feudorum accedunt. Vgl. Historiae Patriae Monumenta XII (1867) S. 411/12 Cod. Dipl. Sardiniae.

war in Venedig die Nachfolge unehelicher Legitimierter in Fideikommisse unmöglich [215].

IV. Das Legitimationsrecht des Papstes

In den vorhergehenden Kapiteln ist dargestellt, wie die Päpste sich um die Einführung der Legitimatio, sei es durch subsequens matrimonium oder durch Obrigkeitsakt, bemühten. Ihr Legitimationsrecht, das eine legitimatio ad spiritualia und eine solche ad temporalia umfaßte, stand im Gegensatz zu der legitimatio jure civili. Die von der weltlichen Behörde ausgesprochene legitimatio beschränkte sich nur auf das weltliche Recht und die weltliche Laufbahn [216], hatte aber keinerlei Einfluß auf das Verhältnis des Bastards zur Kirche und zu den kirchlichen Ämtern.

1. *Legitimatio ad spiritualia, irregularitas ex defectu natalium, legitimatio ad sacra*

Zunächst wandte sich die Kirche ausschließlich gegen die Söhne der Kleriker [217], welche in den Kirchendienst eintreten

---

[215] Vgl. Volumen statutorum, legum ac iurium tam civilium quam criminalium D. D. Venetorum (1709) S. 286.

[216] Vgl. Pertile, Storia 3 S. 392 Anm. 26a.

[217] R. Génestal, La légitimation (1905) S. 3 ff.: Die historische Entwicklung der irregularitas ex defectu natalium.

wollten, wobei auch der Kampf gegen die verheirateten Priester eine Rolle spielte. Die Kirche wollte unter keinen Umständen, daß die Beneficien erblich werden sollten. So bestimmte das Dekret Gratians, daß die Söhne der Geistlichen nicht ad sacra officia zuzulassen sind [218]. Dagegen spricht schon Gregor IX. in seinen Decretalen Lib. I Titel XVII mit der Überschrift: De filiis presbyterorum ordinandis vel non in cap. I: Ut filii presbyterorum et ceteri ex fornicatione nati ad sacros ordines non promoveantur, obwohl in weiteren Ausführungen nur von den filii sacerdotum die Rede ist [219].

Ebenso lautet in Bonifaz' VIII. Sexti Decretalium Liber I Titel XI der Titel: De filiis presbyterorum et aliis illegitime natis. Erst jetzt waren weltliche Bastarde und Klerikerkinder rechtlich einander gleichgestellt und wurde die irregularitas ex defectu natalium mit ihren rechtlichen Nachteilen und Forderungen festgestellt [220]. Um nun den Bastarden die kirchliche Laufbahn zu ermöglichen, bedurfte es einer besonderen Legitimation ad sacra [221]. Diese bestand in einer Dispensation, die

---

[218] Vgl. E. Friedberg, Corp. iur. Can. 1 (1879) S. 219 Decr. Grat. Dist. 56 ante e 1 Presbyterorum etiam filii ad sacra officia nun sunt admittendi.

[219] Vgl. E. Friedberg, Corpus iur. Can. 2 (1881) S. 135 Decr. Greg. IX Lib. I Tit. XVII: schon Gregor IX. spricht in seinen Decretalen Liber I Tit. 17 mit der Überschrift: De filiis presbyterorum ordinandis vel non; in Cap. I: Ut filii presbyterorum et ceteri ex fornicatione nati ad sacros ordines non promoveantur nisi aut monachi fiant, vel in congregatione canonica regulariter viventes.

[220] Vgl. E. Friedberg, Corpus iur. Can. 2 (1881) S. 977, Sextus Decr. Lib. I, Tit. XI: De filiis presbyterorum et aliis illegitime natis.

[221] Vgl. Horst Hermann, Die Stellung unehelicher Kinder nach kan. Recht, (1971) S. 103 ff.; ferner R. Génèstal, La légitimation (1905) S. 43 ff.

teils von den Bischöfen, teils vom Papste erfolgte. Ferner erleichterte der Eintritt in ein Kloster dem Bastarde wesentlich sein Fortkommen in der Kirche [222].

2. *Legitimatio ad temporalia*

Die Kirche hatte, wie ausgeführt, grundsätzlich die Legitimation durch nachfolgende Ehe unter der Voraussetzung anerkannt, daß eine kirchliche Eheschließung möglich war [223]. Innocenz III. erörterte in seinem Dekret Per venerabilem eingehend seine Zuständigkeit zur Legitimierung der Kinder Philipp Augusts, indem er aus dem Dispensationsrecht in spiritualibus ein Legitimationsrecht in temporalibus konstruierte [224]. Die Kirche konnte jedoch diesen Standpunkt eines unbeschränkten Legitimationsrechts ad temporalia nicht aufrecht erhalten, obwohl eine Reihe kirchlicher Schriftsteller sich für das unbeschränkte Legitimationsrecht des Papstes einsetzten [225]. Trotzdem das Familienrecht

---

[222] Vgl. B. Pitzorno, La legittimazione (1900) S. 203 ff.; R. Génestal, La légitimation (1905) S. 80 ff.; ferner E. Friedberg, Corp. iur. can. 2 (1881) S. 135 Decr. Greg. IX. Lib. I Tit. XVII und S. 977 Sextus Decr. Lib. I Tit. XI.

[223] Vgl. R. Génestal, La légitimation (1905) S. 105 ff. mit geschichtlichen Ausführungen.

[224] Vgl. ebenfalls R. Génestal, La légitimation (1905) S. 182 ff.; F. Kogler, Leg. per. rescr. S. 17 ff.

[225] Vgl. M. Goldast, Monarchia S. Romani Imperii Tom. I. Hanoniae, 1611, S. 90: Philotei Achillini Somnium Viridarii Lib. I, cap. XCVII: Item nullus potest legitimare aliquem ad honores et dignitates temporales, nisi habeat super ipsum dominium temporale, sed Papa potest omnes legitimare, videlicet quantum ad honores temporales, sicut pater extra, qui filii sunt

weitgehend von der Kirche beeinflußt wurde, hat sich in der Praxis jedoch der Standpunkt durchgesetzt, daß der Papst lediglich als Landesherr ad temporalia legitimieren konnte [226].

Zusammenfassendes Urteil

Es sind somit folgende allgemeine Grundsätze festzustellen: Die legitimatio per subsequens matrimonium sicherte dem Bastarden die volle Stellung eines ehelichen Abkömmlings mit gesetzlichem Erbrecht, da dieser Akt ihn rückwirkend zu einem ehelichen Kind machte. Bei der legitimatio per rescriptum Principis kam zunächst in Betracht, welche Behörde und in welchem Umfang sie — plena — minus plena — den Unehelichen legitimierte. Daraus erklärt sich auch ggf. die Notwendigkeit des Consenses der Familienangehörigen, die den jeweiligen Bedürfnissen angepaßt wurde.

Aufgrund dieser Darstellung ergibt sich, daß im Laufe der Jahrhunderte eine gewisse soziale Entwicklung sich bildete, die dem Bastard die Möglichkeit eröffnete, trotz Mangels seiner

---

legitimi, ergo Papa habet super omnes dominium temporale; ferner R. Génestal, Hist. de la Lég. (1905) S. 182 ff.; F. Kogler, Die Leg. per. rescr. (1904) S. 14 ff.

[226] Vgl. E. Friedberg, Corp. Iur. Can. 2 (1881) S. 709 ff. Decr. Greg. IX. Lib. IV, Tit. XVII, Cap. XIII, Goldast wie oben zitiert Anm. 225, S. 90, Lib. I, Cap. XCVIII, Melchior Goldast wie in Anm. 225. Philotei Achillini, Lib. I cap. XCVIII: Bernardus dicit ... Papa potest legitimare quantum ad honores et dignitates aliquas temporales illos, qui sunt de sua jurisdictione temporale ...; ferner: nullus potest aliquem legitimare quantum ad honores et dignitates temporales, nisi super ipsum habeat dominium temporale.

Geburt durch die Legitimation ein nützliches Mitglied der menschlichen Gesellschaft zu werden. Daß infolge der staatlichen Zerrissenheit des damaligen Italiens und den inneren und äußeren Machtkämpfen der einzelnen Stadtstaaten und des Imperiums keine einheitliche Gesetzgebung möglich war, ist offenkundig.

Jedoch zeigt die Untersuchung doch eine Reihe von Parallelerscheinungen.

Es ist interessant zu beobachten, daß zwar die Kirche die Initiative ergriff, jedoch der werdende sich selbst bewußte Staat baldigst seine Ansprüche anmeldete und die Kirche in ihren engeren Wirkungskreis verwies.

VI. KAPITEL

DIE ADOPTION

Während die Legitimation immer eine Blutsverwandtschaft voraussetzte, handelte es sich bei der Adoption bzw. Arrogation um einen Rechtsvorgang, bei dem ein Außenstehender — sei es nun ein Blutsverwandter oder nicht — in den Familienverband aufgenommen wurde, wobei unter Umständen auch ein Unehelicher adoptiert werden konnte. Die rechtlichen Grenzen der Adoption, welche sich in den verschiedenen Formen der adoptio- adrogatio-adfiliatio-matronizatio vollzogen, waren fließend. Schon im langobardischen Recht spielte die adoptio in haereditatem — gairethinx — eine große Rolle, da das römische Testament nicht bekannt war: sie war auch gegenüber einem unehelichen Abkömmling möglich [227]. Dieser Akt umfaßte zwei Rechtsgeschäfte: die eigentliche Adoption und die Erbeinsetzung. Als nun im Laufe der Entwicklung die Möglichkeit gegeben war, über den Nachlaß letztwillig zu verfügen, verlor die Adoption ihren ursprünglichen rechtlichen Charakter als Erbvertrag. Im allgemeinen handelte es sich jetzt meistens um einen gerichtlichen bzw. notariellen Akt der freiwilligen Gerichtsbarkeit, der in den einzelnen Landesteilen verschieden

[227] Vgl. MGH LL 4 (1868) S. 40 ff. Ed. Rothari cap. 172 ff.

vollzogen wurde [228]. Hierbei wurden häufig die römischen Rechtsausdrücke gebraucht. Man unterschied eine adoptio tabulis — per epistolam — per scripturam — coram senatu — receptio in filium coram vicinis — super altare — und durch notarielles Testament [229]. Jedenfalls war ein öffentlicher Rechtsakt notwendig; häufig war damit eine Erbeinsetzung verbunden, auch bestanden gewisse Altersbestimmungen.

In Venedig adoptierte 1353 ein gewisser Marco di Rambaldo in Gegenwart und unter Zustimmung seiner Frau seine uneheliche Tochter und setzte sie in alle Rechte eines ehelichen Kindes ein [230]. Auch die von den Kaisern ernannten comites palatini hatten unter anderem die Befugnis, Adoptionen zu bestätigen [230a].

---

[228] Vgl. Pertile, Storia 3 S. 396 Anm. 10: Const. leg. pis. civ. cap. 46: Adoptiones, adrogationes atque liberorum emancipationes apud judices curie nove publice et in publica curia fieri debere constituimus; lo statuto di Bologna (1561) assegnava ai notai per le arrogazioni tassa doppia di quelle delle adozioni; in Bologna waren die Notare zuständig; vgl. ferner E. Gans, Erbrecht 3 (1829) S. 247. Im allgemeinen bediente man sich der römischrechtlichen Ausdrücke.

[229] Vgl. Salvioli, Storia S. 438 ff.; ferner Benvenuto Pitzorno, L'adozione privata (1915) S. 214 ff.

[230] Benvenuto Pitzorno, L'adozione privata (1915) S. 214 ff.: quindi donna Plasentia presente et consenziente il marito Christinam filiam naturalem dicti Benedicti ibidem praesentem in filiam legitime arrogavit et super omnibus suis bonis et juribus in sua filiatione et familia et potestate materna suscepit. Später war die Legitimation in dieser Form in Venedig nicht möglich.

[230a] Vgl. Ficker, Forschungen 2 (1869) S. 67 Befugnisse der Hofpfalzgrafen: adoptiones firmande 4 (1874) S. 434 Bulle Papst Innocenz IV. a. 1253 und S. 539 ff. Erlaß Kaiser Karl IV. von 1357.

In Sardinien bestand das Institut dell'affigliamento, das einerseits eine adoptio in haereditatem und andererseits eine donatio mortis causa bildete und des weiteren in dem Kapitel Erbrecht besprochen wird. Eine weitere Form war die matronizatio, zwischen Adoption und Legitimation fallend [231]. Auch in einigen Munizipalrechten wurde die Adoption geregelt [232].

Die Adoption vermittelte aber nicht alle Rechte eines leiblichen Nachkommen. Der Adoptierte war ausgeschlossen von der Nachfolge in Lehensgüter, unter Umständen von der Erbschaft der Großeltern; auch die Übertragung des Adels war im allgemeinen nicht zulässig [233]. Sonst bestand jedoch mit Ausnahme der späteren Gesetzgebung Venedigs keinerlei Beschränkung, gegebenenfalls einen Bastard zu adoptieren.

Literatur:
Hermann Fitting, Die Summa Codicis des Irnerius (1894) (= Pseudo-Irnerius).
Max Conrat, Die Lex Romana canonice compta (1897).
Pertile, Storia 3 S. 394 ff. § 117 Dell'adozione.
Salvioli, Storia S. 438 ff.
Benvenuto Pitzorno, L'adozione privata (1914).
Handwörterbuch zur deutschen Rechtsgeschichte (HRG) 1 (1964) Art. Adoption S. 56 ff.

---

[231] Vgl. Arrigo Solmi, Studi storici sulle istituzioni della Sardegna nel medioevo (1917) S. 182/83; Enrico Besta, La Sardegna medioevale 2 (1908/09) S. 178 insbes. Anm. 54; Mariano avo materno di Branca, aveva secundum morem et ritum regni Sardiniae matronizzata la sua filia redendola abile ad actum successionis; ferner Salvioli, Storia S. 440. Benvenuto Pitzorno, L'affigliamento nelle chiese (1901).

[232] Vgl. z. B. Aldo Lusardi e Enrico Besta, Statuta Veglae (1945) S. 85 cap. LXXIII: De adoptionibus et filiis adoptivis et alia superinde.

[233] Vgl. Pertile, Storia 3 S. 396.

VII. KAPITEL

DAS ERBRECHT

I. Das gesetzliche Erbrecht der Bastarde

Wie ausgeführt bestanden zwischen den unehelichen Abkömmlingen und dem Vater bzw. der Mutter gewisse rechtliche Bindungen; besonders schwierig erweist sich dieses Rechtsverhältnis bei der Frage des Erbrechtes der Bastarde. In wieweit der Bastard einerseits mit der Mutter und deren Verwandten, andererseits mit der Vaterseite in rechtlicher Verbindung stand und damit als erbberechtigt galt, werden die nachfolgenden Erörterungen zeigen. Das Erbrecht gegenüber der Mutter hing auch von dem ehelichen Güterrecht ab, das der Ehefrau erst in längerer Entwicklung ein Erbrecht an der eingebrachten dos und dann an der ehelichen Gütergemeinschaft vermittelte. Rothari hat in seinem Edictus den unehelichen Abkömmlingen neben den ehelichen ein vermindertes Erbrecht gegeben [234]. Jedoch entzog Liutprand grundsätzlich dem Bastard dieses Erbrecht, dehnte den Begriff der naturales auf Abkömmlinge aus verbotenen Ehen (matrimonia illicita) und Ehen zwischen Freien und Unfreien aus, wobei kein Unterschied zwischen männlichen und

[234] Vgl. MGH LL 4 (1868) S. 35 Ed. Rothari, cap. 154 ff.

weiblichen Bastarden gemacht wurde [235]. Doch wurde dieser Standpunkt nicht festgehalten, und es finden sich in der Statutar- und Landesgesetzgebung Italiens zahlreiche Bestimmungen, die das gesetzliche Erbrecht der Bastarde in verschiedenster Weise behandelten, wobei Unterschiede zwischen naturales — adulterini — incestuosi — legitimierten oder adoptierten Abkömmlingen gemacht wurden [236]. Es ist hierbei zu berücksichtigen, daß in Nord- und Mittelitalien langobardisches, fränkisches, römisches, kanonisches und deutsches Reichsrecht neben dem italienischen Statutar- und Landesrecht bei der Regelung dieser Frage konkurrierten. In Süditalien wurde die griechische, bzw. langobardische Gesetzgebung seit Einbruch der Normannen durch die französisch beeinflußten Rechtsbücher von König Roger II. und Friedrich II. geändert. Jedoch lassen sich einige allgemeine Gesichtspunkte feststellen. In verhältnismäßig wenigen Fällen stand dem unehelichen Sohn ein Intestaterbrecht gegenüber dem Vater zu. So hatte er nach den Statuten von Gubbio neben den ehelichen Abkömmlingen einen Anspruch auf $^1/_{12}$, bei Fehlen dieser einen Anspruch auf die Hälfte des Nachlasses [237]. Nach den Statuten von Lucca hatte er Anspruch auf $^1/_{12}$ neben ehelichen und auf $^1/_4$ bei Fehlen dieser. Die uneheliche Tochter hatte einen Anspruch auf eine dos [238]. In Pieve

---

[235] Vgl. Gerhard Bückling, Die Rechtsstellung der unehelichen Kinder im Mittelalter und in der heutigen Reformbewegung (1920) S. 15 ff.; MGH LL 4 (1868) S. 150 Ed. Liutprand c. 105.

[236] Vgl. Pertile, Storia 4 S. 65 ff.

[237] Vgl. Eduard Gans, Das Erbrecht Bd. 3 (1829) S. 294; und L. Morillot, De la condition S. 542 ff.

[238] Vgl. Pertile, Storia 4 S. 66 Anm. 36 und S. 67 Anm. 42.

di Cadore erbten sie mit den ehelichen die Hälfte, bei Fehlen dieser den ganzen Nachlaß [239]. In Sizilien hatten die Klerikerkinder zwar kein Erbrecht gegenüber den Eltern, konnten aber gegen Gewährung einer festen jährlichen Rente den Nießbrauch erlangen [240]. In Florenz erbten sie vor dem Anfall an den Fiskus [241]. In Aosta bekamen 1295 die Bastarde bei Ermangelung ehelicher Abkommen ein unbeschränktes Erbrecht, ähnlich in Genua [242]. In Ascoli Piceno waren die illegitimen den legitimen Abkömmlingen rechtlich gleichgestellt [243], ebenso in Forli [244]. Pseudo-Irnerius in seiner Summa Codicis gab den Unehelichen bei Vorhandensein einer concubina unica ihr und ihren Nachkömmlingen zusammen 2 Unzen des Nachlasses. Die Abkömmlinge ex damnato et illicito coitu hatten keinerlei Erbrecht [245]. Nach neapolitanischem Rechte beerbten die unehelichen Abkömmlinge ihre Mutter und deren Verwandte bei Fehlen

---

[239] Vgl. Pertile, Storia 4 S. 66 Anm. 38.

[240] Vgl. Pertile, Storia 4 S. 66 Anm. 39.

[241] Vgl. Pertile, Storia 4 S. 66 Anm. 37 und E. Gans, Das Erbrecht Bd. 3 (1829) S. 299 ff.

[242] Vgl. Luigi Cibrario, Storia della monarchia di Savoia 2 (1841) S. 253 ff. und Historiae Patriae monumenta Tom. XVIII (1901) Leges Genuenses ed. Victorius Poggi S. 892 ff.

[243] Vgl. Ludovico Zdekauer und Pietro Sella, Statuti d'Ascoli Piceno (1910) S. 11/12.

[244] Vgl. Evelina Rinaldi, Statuto di Forli dell'anno 1359 (1913) S. 356, cap. LXII.

[245] Vgl. Hermann Fitting, Summa codicis des Irnerius (1894) S. 155 Lib. V, cap. XVIII; ferner MGH LL 5 (1889) S. 343 Lex Romana Rhaetica Curiensis, Lib. IV, cap. VI; De naturalibus filiis et matribus eorum.

ehelicher Abkömmlinge [246]. In Corsica hatten die männlichen Bastarde lediglich einen Alimentationsanspruch bis zum 20. Lebensjahr, die weiblichen bis zu ihrer Verheiratung nebst dem Anspruch auf eine dos. Bei Fehlen von Verwandten bis zum dritten Grad einschließlich erbten die männlichen und weiblichen Bastarde. Es gab also für Uneheliche gesetzliche Erbrechte, welche je nach dem Vorhandensein oder Fehlen ehelicher Abkömmlinge variierten. Gelegentlich tauchen auch Erbrechte gegenüber der Mutter auf. Auch wurden Unterschiede zwischen den naturales und den nati ex damnato et illicito coitu gemacht. Papst Honorius II. z. B. bestätigte den Bürgern von Troica 1127 ihre alten Rechte, wobei dem Bastarden bei Fehlen ehelicher Abkömmlinge ein gesetzliches Erbrecht zugestanden wurde [247]. Im allgemeinen bildete jedoch zwischen 900 und 1400 die Anerkennung eines gesetzlichen Erbrechts des naturalis eine Ausnahme.

Literatur:
MGH. LL 4 (1868) Edictus Rothari S. 35 cap. 154 ff.
Pertile, Storia 4 S. 65 ff.
Eduard Gans, Das Erbrecht 3 (1829) S. 294 ff.
Hermann Fitting, Summa codicis des Irnerius (1894) (= Pseudo-Irnerius) S. 155 Lib. V cap. XVIII.

---

[246] Vgl. L. Morillot, De la condition S. 541 ff. Salvioli, Storia S. 528 und 541; Pertile, Storia 3 S. 388 Anm. 7 und 4 S. 62 Anm. 43.

[247] Vgl. P. Kehr, Papsturkunden in Benevent und der Capitanata, Göttingen Phil. hist. Klasse (1898) S. 76 ff.: et ad naturalium sine descendentibus decedentium successionem proximi a parte patris legitimi accedant.

II. Ausschluß des gesetzlichen Erbrechtes der Bastarde

Nachdem, wie ausgeführt, die Gesetzgebung Liutprands das Erbrecht der Bastarde gegenüber den Eltern aufgehoben hatte, galt dieser Grundsatz in den meisten Teilen von Italien und wurde auch ausdrücklich in Gesetzen und Statuten erwähnt. In Corsica waren die Bastarde von der väterlichen Erbschaft ausgeschlossen [248]. Die Gesetzgebung Friedrichs II. schloß die Klerikerbastarde von der väterlichen und mütterlichen Erbschaft aus, beließ ihnen aber gegen eine jährliche Abgabe ein Nutznießungsrecht [249]. Nach den Statuten von Messina waren spurii et incestuosi von der elterlichen Erbschaft ausgeschlossen [250]. Die consuetudines von Neapel ließen ein Erbrecht gegenüber dem Vater nicht zu, erkannten auch ein Erbrecht gegenüber der Mutter nur bei Fehlen ehelicher Kinder an [251]. In Sizilien waren Bastarde von der mütterlichen Erbschaft ausgeschlossen [252], ebenso in Sardinien [253] und Unteritalien [254]. Grundsätzlich hatten

---

[248] Vgl. Pertile, Storia 4 S. 66 Anm. 36 und S. 68 Anm. 45. Es bestand nur ein Anspruch auf Alimente bis zum 20. Lebensjahr und bei den Mädchen bis zur Heirat mit Ausstattungszwang.

[249] Vgl. Pertile, Storia 4 S. 66 Anm. 39.

[250] Vgl. Wilhelm von Bruenneck, Siziliens mittelalterliche Stadtrechte (1881) 2 S. 84 ff.; ferner Pertile, Storia 4 S. 67 Anm. 41.

[251] Vgl. Léon Morillot, De la condition des enfants ... S. 541.

[252] Vgl. Salvioli, Storia S. 541 ff.

[253] Vgl. Enrico Besta, La Sardegna medioevale 2 (1908/09) S. 181 ff.

[254] Vgl. Enrico Besta, Scritti di storia giuridica meridionale (1892) S. 205.

Klerikerkonkubinen und deren Söhne kein Erbrecht [255]. In Mittel- und Norditalien finden sich zahlreiche ähnliche Vorschriften. So verneinten die Statuten von Pamperato den ex legitimo concubinio nati ein gesetzliches Erbrecht bei Vorhandensein ehelicher Nachkommen [256]; ebenso ähnlich Ferrara und Lucca [257]. Bei Beurteilung dieser Frage spielte der Umstand, ob der Bastard mit den Eltern als verwandt oder nicht verwandt galt, eine wesentliche Rolle. Immerhin milderte sich dieser Standpunkt zwischen 1200 und 1500 im Laufe der Entwicklung, welche die öffentliche und zivilrechtliche Rechtsstellung des Bastarden wesentlich verbesserte.

Literatur:
Pertile, Storia 4 S. 66 ff.
Salvioli, Storia S. 541.

III. Das Erbrecht der legitimierten Kinder

Bei dem Erbrecht der legitimierten Kinder kommt zunächst rechtlich die Art der Legitimation in Betracht. Nur die Legiti-

---

[255] Vgl. J. D. Mansi, Sacrorum conciliorum nova et amplissima collectio 26 (1784) S. 226, Concilium Paduanum a. 1350, De vita et honestate clericorum, et quod eorum concubinae ipsarumque filii ex ipsorum testamentis nihil capiant; ferner Pertile, Storia 4 S. 115, Anm. 41.

[256] Vgl. Giuseppe Barelli, Statuti di Pamparato (1965) S. 53 cap. LXVIII. Hier heißt es: filii vel filie naturales ex legiptimo concubinio nati.

[257] Vgl. Pertile, Storia 4 S. 67 Anm. 42 und S. 68 Anm. 46. Aber es bestand je nach ihrer Abstammung u. U. ein Alimentations- bzw. Dotationsanspruch.

mierung per subsequens matrimonium glich den Rechtsstand eines Bastarden mit dem eines ehelichen Kindes vollkommen aus [258]. Die anderen Arten der Legitimierung per rescriptum principis usw. stellten nur eine künstliche Verbindung des Unehelichen mit der Familie dar. Sie waren in ihrer Rechtswirkung in Bezug auf das Erbrecht gegenüber dem Vater teilweise beschränkt. Zunächst war die Legitimierung und das damit geschaffene Erbrecht gegenüber den Eltern und deren Verwandten häufig an einen Konsens der legitimen Erbberechtigten gebunden, der bei der Legitimierung speziell ausgesprochen werden mußte [259]. In Rom hatten sie nur ein beschränktes Erbrecht [260]. In Gubbio konnte selbst testamentarisch keinem legitimierten Sohn mehr hinterlassen werden, als dem am mindesten bedachten ehelichen [261]. Pseudo-Irnerius sieht in seiner Summa codicis vor, daß der Vater bei Fehlen ehelicher Abkommen die unehelichen letztwillig legitimieren und als Erben einsetzen konnte [262].

[258] Vgl. u. a. Vincenzo Federici, Statuto di Aspra (1930) S. 492 cap. CLXXXXII; Legitimierte per subs. matrimonium haben unbeschränktes Erbrecht; Pertile, Storia 4 S. 68 Anm. 47, in Florenz mußten sie höhere Steuern bezahlen.

[259] Vgl. so z. B. in Ferrara, Pertile, Storia 4 S. 68 Anm. 46: Statuimus nullum non natum ex legitimo matrimonio, etiamsi legitimatum cum quacumque clausola vel forma, posse succedere ab intestato patri vel alteri agnato, nisi legitimatus fuerit de consensu eius de cuius hereditate agitur, exstantibus filiis vel aliis qui de iure succedere debent; ebenso in Mailand Zustimmung der Agnaten, Pertile, Storia 4 S. 68 Anm. 47; ebenso in Lucca, E. Gans, Erbrecht 3 (1829) S. 309.

[260] Vgl. Pertile, Storia 4 S. 68 Anm. 46 und E. Gans, Erbrecht 3 (1829) S. 294.

[261] Vgl. E. Gans, Erbrecht 3 (1829) S. 293.

[262] Vgl. Hermann Fitting, Summa cod. des Irnerius (1894) (Pseudo-Irnerius) S. 155, Lib. V cap. XVIII, De concubinis et naturalibus.

Ursprünglich wurden die legitimierten Kinder Mitglieder der Familie des Vaters und der Mutter, hatten also weitgehende Erbrechte. Man sprach in einem solchen Falle von einer legitimatio plena, die in dem betreffenden Rescript ausdrücklich bestätigt wurde. In den einzelnen Legitimationsrescripten der deutschen Kaiser für Italien und der von ihnen bestellten Pfalzgrafen herrschte in Bezug auf das ihnen verliehene Recht, Erbrechte auszusprechen, eine große Mannigfaltigkeit, so daß man hier von einer legitimatio plena und minus plena sprechen kann [263]. Es wurde unter Umständen nur ein Erbrecht gegenüber den Eltern gewährt, oder das Erbrecht auf alle Verwandten väterlicher und mütterlicher Seite ausgedehnt.

Zusammenfassend sind somit folgende allgemeine Grundsätze festzustellen:

Die legitimatio per subsequens matrimonium des Bastarden sicherte ihm ein gesetzliches Erbrecht, da dieser Akt ihn rückwirkend zu einem ehelichen Kind machte.

Bei der legitimatio per rescriptum kam zunächst in Betracht, welche Behörde und in welchem Umfang (plena bzw. minus plena) der Uneheliche legitimiert wurde. Daraus erklärt sich auch die Notwendigkeit des Konsenses der Familienangehörigen, die den jeweiligen Bedürfnissen angepaßt wurde.

Literatur:

Pertile, Storia 4 S. 68.
F. Kogler, legit. per. rescr. (1904) S. 93 ff.
Salvioli, Storia S. 541.

---

[263] Vgl. F. Kogler, Die Leg. per. rescr. princ. (1904) S. 93 ff. und die in J. Ficker, Forschungen 4 (1874) zahlreichen veröffentlichten Legitimationsurkunden, S. 500, 527, 534, 550 u. a.

E. Gans, Erbrecht 3 (1829) S. 294, 309 und 393.
L. Morillot, De la condition S. 542.

IV. Die Erbfolge der Unehelichen kraft Testamentes

Während in Italien bis zum Ende des Weströmischen Reiches der Codex Theodosianus und später die justinianische Gesetzgebung für die italienische Bevölkerung galt, hatten die Langobarden, wie ausgeführt, eigene Gesetze für ihre Volksgenossen erlassen. Im Gegensatz zum römischen Recht kannte das langobardische eine Erbfolge durch Testament nicht. Immerhin bestand für einen kinderlosen Mann die Möglichkeit, im Wege der Thingatio sich einen Erben zu bestellen — adoptio in hereditatem — die allerdings durch Geburt ehelicher Kinder hinfällig wurde [264]. Liutprand schuf zunächst die Möglichkeit für den Sterbenden, letzwillige Verfügungen pro anima sua zu treffen [265]. Im Laufe der Zeit entwickelte sich die Möglichkeit für Männer, wie auch später für Frauen, letztwillige Verfügungen anzuordnen. Der Erblasser konnte häufig nur über einen Teil der Erbschaft letztwillig verfügen, während der andere Teil den

[264] Vgl. R. Schroeder und E. Frh. v. Kuenssberg, Deutsche Rechtsgeschichte (1932) S. 367 und MGH LL 4 (1868) S. 39 ff. Ed. Rothari cap. 171 ff.

[265] Vgl. MGH LL 4 (1868) S. 109 Ed. Liutprand cap. 6 und Pertile, Storia 4 S. 12 ff.

legitimen Erben vorbehalten war [266]. Damit war dem Bastarden die Möglichkeit gegeben, von den Eltern im Wege einer letztwilligen Verfügung bedacht zu werden. Bei dem sozialen Stande der Bastarde bildete eine solche Zuwendung eine Ausnahme, die nur gesetzlich in besonderen Fällen zugelassen war. Die Vorschriften hierüber waren sehr verschieden. In den Statuten von Perugia konnte der Vater die unehelichen Abkömmlinge in jeder rechtsgültigen Form zu unbeschränkten Erben einsetzen. War jedoch ein ehelicher Abkömmling vorhanden, konnten sie nur auf $^1/_6$ des Nachlasses eingesetzt werden [267], wie auch die ehelichen Abkömmlinge in ihren Rechten geschützt waren. Nach den Statuten von Savona konnten bei Fehlen legitimer Abkömmlinge Bastarde als Erben unbeschränkt eingesetzt werden [268]. Die Statuten von Montepulciano gaben dem Vater die Möglichkeit, bei Fehlen ehelicher Abkömmlinge und männlicher Verwandter — nepotes ex masculis descendentes — den Bastarden alles, bei Vorhandensein ehelicher Abkömmlinge ihnen 2 Unzen zu hinterlassen [269]. Eine ähnliche Bestimmung trafen

---

[266] Vgl. Pertile, Storia 4 S. 16 Anm. 18-19; ferner Pertile, Storia 4 S. 11 ff. § 122 Dei testamenti; G. Salvioli, Storia S. 529 ff. Über die Beschränkung der Frauen bei letztwilligen Verfügungen vgl. Pertile, 4 S. 19 ff. Anm. 29-32.

[267] Vgl. Giustiniano Degli Azzi, Statuti di Perugia dell'anno 1342, 1 (1913) S. 336 ff., Lib. II cap. 37.

[268] Vgl. Laura Balletto, Statuta antiquissima Saone 2 (1971) S. 184, Lib. VI, cap. VIII.

[269] Vgl. Ubaldo Morandi, Statuto del Comune di Montepulciano (1966) S. 142 cap. XLVIII, De successionibus naturalium et spuriorum.

die Statuten von Arezzo [270]. Die Statuten von Pamperato gaben den filii vel filie naturales ex legitimo concubinio nati bei Fehlen ehelicher Abkömmlinge ein volles testamentarisches Erbrecht [271]. Nach den Statuten von Parma ab anno 1216 konnte ein verheirateter Notar einen Sohn von einer soluta ohne weiteres zum Erben einsetzen, als ob er ein ehelicher Sohn wäre [272]. Nach den Statuten von Ascoli Piceno konnte der Vater den unehelichen Söhnen ohne Rücksicht auf weitere eheliche Seitenverwandte bei Fehlen ehelicher Söhne sein ganzes Gut vermachen. Auch konnten die naturales ihren Erzeuger zum Erben einsetzen [273]. Nach den Statuten von Sassari konnte ein kinderloser Ehegatte jeden nach Gutdünken zum Erben einsetzen — pro anima sua — [274]. Auch in den Rechtsbüchern finden sich ähnliche Bestimmungen, die Eltern konnten bei Fehlen ehelicher Abkömmlinge dem Bastarden ihren ganzen Nachlaß letztwillig

---

[270] Vgl. Giulia Marri Camerani, Statuto di Arezzo (1946) S. 170 ff., Lib. III, cap. LVIII, De successione naturalium et spuriorum.

[271] Vgl. Giuseppe Barelli, Statuti di Pamparato (1965) S. 53, cap. LXVIII De successione filiorum naturalium.

[272] Vgl. Amadeus Ronchini, Statuto Comunis Parmae ab anno 1216 ... (1857) S. 230 ff. Lib. II.

[273] Vgl. Lodovico Zdekauer und Pietro Sella, Statuti di Ascoli Piceno (1910) S. 12, Lib. I cap. 11.

[274] Vgl. Historiae patriae monumenta 10 (1861) Cod. dipl. Sardiniae S. 566 ff. bzw. S. 605. Cod. degli statuti di Sassari: Licitum sit unicuique persone de Sassaro et districtu, habenti, aut non habenti filios vel filias, sibi in bonis suis heredem instituere quem voluerit, et indicare pro anima sua, donare et dare de bonis suis ad suam voluntatem. S. 566: Licita cosa sit ad zescatuna persona de Sassari ... qui aet o qui non aet fizos o fizas, ad isse in sos benes suos facher herede ad chen aet boler, et iudicare prosa anima sua, donare et dare dessos benes suos ad boluntate sua.

vermachen, bei Lebzeiten schenken [274a]. In den Statuten von Rom war dem Vater gestattet, bei Fehlen ehelicher Abkömmlinge den unehelichen filiis naturalibus, spuriis seu quomodolibet illegitimis medietatem d. h. die Hälfte seiner Habe zu schenken, bzw. letztwillig zu vermachen [275]. Nach den Statuten von Pieve di Cadore konnte der Vater bei Vorhandensein ehelicher Nachkommen den Bastarden $^1/_{12}$ des Nachlasses, bei leiblichen Brüdern und Bastarden letzteren $^1/_2$ des Nachlasses hinterlassen und bei Fehlen ehelicher Söhne, Brüder und Mutter sie sogar zu alleinigen Erben einsetzen [276]. Lucca hatte eine eigenartige spezialisierte Gesetzgebung [277]. Bastarden ex soluto et soluta konnte der Vater in Konkurrenz mit ehelichen Söhnen bis $^1/_6$, bei ehelichen Töchtern bis $^1/_4$, bei Fehlen ehelicher Abkömmlinge $^1/_2$ der Erbschaft hinterlassen. Bastarden d'incesto over d'adulterio, o d'incesto et adulterio insieme o di qualcumque altro damnato coitu konnte der Vater Alimente bis zum Alter von 18 Jahren hinterlassen, dieser Betrag stieg bis zu $^1/_{12}$ des Vermögens unter bestimmten Voraussetzungen. Die unehelichen Töchter jeder Herkunft hatten Anspruch auf Alimente und eine dos, waren also den ehelichen gleichgestellt. In Corsica konnte der Vater bei Vorhandensein ehelicher Söhne dem unehelichen

---

[274a] Vgl. Hermann Fitting, Codex des Irnerius (1894) (Pseudo-Irnerius) S. 155 ff. Lib. V cap. XVIII: Nunc de naturalium successione. Permissum est parentibus totam suam substantiam in liberos naturales in testamento relinquere vel inter vivos donare liberis legitimis non existentibus. Gilt aber nicht für Bastarde ex damnato et illicito coitu.

[275] Vgl. Pertile, Storia 4 S. 67 Anm. 42.

[276] Vgl. Pertile, Storia 4 S. 66 Anm. 38.

[277] Vgl. Pertile, Storia 4 S. 67 Anm. 41 und 42.

Sohn letztwillig einiges vermachen unter Beobachtung der legitima (Pflichtteil) der ehelichen [278].

Die Entwicklung ging zweifellos dahin, die Unehelichen je nach ihrem Status im Wege letztwilliger Verfügungen wirtschaftlich sicher zu stellen, wobei die Frage, ob eheliche Abkömmlinge und Seitenverwandte vorhanden waren, u. a. eine wesentliche Rolle spielten. So war dem Vater und nach Entwicklung des ehelichen Güterrechtes auch der Mutter die Möglichkeit eingeräumt, der Bastarde zu gedenken. In diesem Zusammenhang ist nochmals auf das in Sardinien übliche Institut dell'affigliamento zu verweisen. Es stellte im wesentlichen eine adoptio in hereditatem bzw. eine adoptio mortis causa dar und hatte die Wirkung eines Testamentes. Man konnte auf diese Weise, sei es pro anima sua eine Kirche oder aber ohne Rücksicht auf eheliche Nachkommen, einen Fremden — in diesem Fall auch einen unehelichen Sohn — an Sohnesstatt annehmen, der sogleich in die Rechte eines solchen eintrat. Die affiliatio ersetzte somit das Testament. Sie vollzog sich in einem Schenkungsakt. Allerdings unterschied man ein affigliamento universale und ein affigliamento a titulo particolare. Ein Rücktritt vom Vertrage war ausgeschlossen [278a].

Diese mannigfaltigen Bestimmungen in den einzelnen Statuten lassen sich nicht ohne weiteres klassifizieren. Jedoch spielten in der Hauptsache folgende Umstände eine wesentliche Rolle:

---

278 Vgl. Pertile, Storia 4 S. 68 Anm. 45.

278a Arrigo Solmi, Studi storici sulle istituzioni della Sardegna nel medio evo (1917) S. 180 ff.; Enrico Besta, La Sardegna medioevale (1966) 2 S. 179; Enciclopedia Italiana 1 (1949) Art. Affiliazione S. 649.

die Rechtsstellung des Bastards, sein status naturalis ex soluto et soluta — incestuosus — adulterinus usw., der Stand der Eltern, das Vorhandensein ehelicher Abkömmlinge und weiterer Seitenverwandten.

Literatur:
Pertile, Storia 4 S. 11 ff. und 66 ff.
Salvioli, Storia S. 529 ff. und 543/44.
Ludovico Zdekauer e Pietro Sella, Statuti di Ascoli Piceno (1910).
Jamadio Ronchini, Statuta comunis Parmae (1857).
Giuliano degli Azzi, Statuti di Perugia 1 (1913) S. 336 ff.
Arrigo Solmi, Studi sulle istituzioni della Sardegna nel Medioevo (1917) S. 180 ff.
Enrico Besta, La Sardegna medioevale 2 (1960) 2.

V. Die Nachfolge der Unehelichen in Lehen

Bei der Nachfolge in feudis ist ebenfalls zwischen dem per subsequens matrimonium und dem durch einen Hoheitsakt legitimierten Bastarden zu unterscheiden. Der in erster Weise legitimierte Bastard hatte ein Anrecht auf die elterlichen Lehen, wenn die nachträgliche Ehe rechtlich gültig geschlossen wurde. Dagegen bestand ein allgemeines Verbot der Nachfolge für die anderen unehelichen Abkömmlinge, auch wenn sie nachträglich legitimiert wurden [279]. Dieses Verbot erstreckte sich auf die

[279] Vgl. Enrico Besta — Gian Luigi Barni, Liber consuetudinum Mediolani (1949) S. 129, Lib. XXVI, cap. 13: Quid ergo si aliquis ex ea quae uxor esse poterat filios sustulit, deinde eandem in matrimonium duxit dota-

Feudalherrschaft der Mutter. In den libri feudorum wurde der Grundsatz einwandfrei festgelegt [280]. Auch eine Adoption führte zu keiner Nachfolge im Lehen. Immerhin finden sich auch hier einige Ausnahmen. In dem Diplom von 1392, in dem König Wenzel den Staat der Visconti zum Herzogtum Mailand erhob, waren gegebenenfalls die legitimierten Söhne des Gian Galeazzo Visconti zur Nachfolge berufen [281]; einen gleichen Antrag stellte Filippo Maria Visconti an Kaiser Sigismund [282]. Handelt es sich hier um den Übergang eines Staates, der zu Lehen ging, so gab es doch einzelne Fälle, in denen legitimierte Abkömmlinge Feudalbesitz erwerben konnten. In Sardinien machte der Richter Mariano seine Tochter zur erbfolgeberechtigten Nachfolgerin in seinem Judikat [283]. So legitimierte Giovanna II. von

---

libus instrumentis confectis et ex ea postea alios filios procreavit, an primi an tantum secundi filii vel nulli succedant non ineleganter quaeritur. Dicimus quod omnes tam primi quam secundi pariter ad successionem veniunt. cap. 12: Quod tantum filii naturales et legitimi, id est qui legitimo matrimonio sunt procreati, ad successionem feudorum perveniunt. Non ergo adoptivi filii, nec naturales facti postea legitimi, ad successionem feudorum accedunt; F. Kogler, Leg. per rescr. prim. (1904) S. 95 ff.; Pertile, Storia 4 S. 140; ferner Pertile, Storia 3 S. 388 Anm. 11, Verfügung Ludwigs d. Bayern über das Iudikat von Arborea 1329, weil der Inhaber Bastard war; ferner Léon Morillot, De la condition S. 542.

280 Vgl. Pertile, Storia 4 S. 140 Anm. 4; K. Lehmann, Das langobardische Lehnrecht (1896) S. 151, Lib. II, Tit. 26 § 9: Adoptivus filius in feudum non succedit. § 11: Naturales filii licet postea fiant legitimi, ad successionem feudi nec soli nec cum aliis vocantur.

281 Vgl. L. A. Muratori, Rer. Ital. Script. Bd. 23 (1733) S. 638-644, (Benvenuto di S. Giorgio, Historia Montis Ferrati) Privileg von König Wenzel.

282 Vgl. Pertile, Storia II/1 S. 224 Anm. 30.

283 Vgl. Enrico Besta, La Sardegna medioevale 2 (1908/09) S. 178 Anm. 54.

Durazzo die unehelichen Söhne Philipps von Sanguineto soweit, daß sie ohne Schwierigkeiten in die Feudalgüter ihres Vaters nachfolgen konnten [284].

Literatur:
Pertile, Storia 4 S. 139 ff.

VI. Die Schenkung

In diesem Zusammenhang erscheint es angezeigt, auch die Frage der Schenkungen, sei sie unter Lebenden oder letztwillig an Bastarde erfolgt, zu erörtern.

Die Langobarden kannten das Institut der gairethinx, in der öffentlich u. a. einem Unehelichen, auch bei Lebzeiten des Vaters, falls dieser keine ehelichen Kinder hatte, dessen Vermögen gegen Entrichtung des Launegilds übergeben wurde. Dabei mußte unter Umständen auf die ehelichen Kinder und die Verwandten Rücksicht genommen werden [285]. In der weiteren Entwicklung bestand die Regelung, daß Schenkungsakte entweder öffentlich vor Gericht oder vor einem Notar vollzogen werden mußten [286]. Diese Art der Schenkung gegen Launegild hat sich länger in Italien erhalten. Jedoch bestanden Restrik-

[284] Vgl. Romualdo Trifone, La legislazione angioina (1921) S. CCIX und S. 347 ff.

[285] Vgl. Pertile, Storia 4 S. 579 Anm. 1a und MGH LL 4 (1868) S. 39, Ed. Rothari cap. 171 ff. und S. 137 Ed. Liutprand cap. 73; Richard Schroeder und Eberhard Frh. v. Kuenssberg, Deutsche Rechtsgeschichte (1932) S. 367.

[286] Vgl. Pertile, Storia 4 S. 579 ff., 584 Anm. 20.

tionen bei Schenkungen an Bastarde [287]. So beschränkten die Coutumes von Aosta die Zuwendung lediglich auf Alimente, wenn es sich um adulterini oder incestuosi handelte [288]. Nach der Summa codicis des Pseudo-Irnerius war es den Eltern möglich, bei Fehlen legitimer Nachkommen unter Lebenden den Bastarden ihr gesamtes Gut zu schenken [289]. Ebenso bestimmten die Statuten von Rom, daß der Vater bei Fehlen ehelicher Abkömmlinge den filiis naturalibus, spuriis, seu quomodolibet illegitimis — weite Ausdehnung — die Hälfte seines Eigentums schenken konnte [290]. Die Statuten von Ascoli Piceno gaben dem Vater und den Bastarden ohne Rücksicht auf die legalen Abkömmlinge ein gegenseitiges unbeschränktes Schenkungsrecht [291]. Die lex Romana Rhaetica Curiensis bestimmte, daß der Vater des Bastarden einer freien Mutter, der Mutter oder dem Bastarden bei Vorhandensein von ehelichen Abkömmlingen 1/12 d. h. eine Unze, bei Fehlen dieser drei Unzen d. h. 1/4 schenken

---

[287] Vgl. Pertile, Storia 4 S. 585 Anm. 23; ferner MGH LL 4 (1868) S. 208, Aregis principis capitula, cap. 8; Absolutes Verbot für Schenkungen an Bastarde et altera conjuge bei Vorhandensein ehelicher Abkömmlinge.

[288] Vgl. Pertile, Storia 4 S. 587 Anm. 36, Cout. d'Aosta § 33: Homme ou femme ne peut donner à son enfant bâtard, conçu en conjonction damnable et reprouvée, aucuns de ses biens, si non jusqu'à concurrente quantité de ses aliments.

[289] Vgl. Hermann Fitting, Summa codicis des Irnerius (1894) (Pseudo-Irnerius) S. 155, Lib. V cap. XVIII.

[290] Vgl. Pertile, Storia 4 S. 67 Anm. 42: Stat. Romae I/43: Liceat civi Romano non habenti filios legitimos — filiis naturalibus, spuriis seu quomodolibet illegitimis medietatem bonorum suorum donare, et in ultima voluntate relinquere.

[291] Vgl. Ludovico Zdekauer e Pietro Sella, Statuti di Ascoli Piceno (1910) S. 11 cap. 10 und S. 12 cap. 11.

konnte [292]. Ebenso bestand in Sardinien die donatio mortis causa, wobei die Bastarde u. U. berücksichtigt werden konnten [293].

Es bestand somit für die unehelichen Abkömmlinge, sei es bei Fehlen ehelicher Kinder, oder in Konkurrenz mit ihnen die Möglichkeit, Schenkungen inter vivos oder im Wege einer letztwilligen Verfügung zu erhalten, allerdings durften diese das Pflichtteilsrecht nicht schmälern. Interessant ist ferner, daß gegenseitige Schenkungen zwischen dem Mann und seiner Konkubine während der Dauer ihrer gegenseitigen Beziehungen rechtsungültig waren [293a].

Literatur:
Pertile, Storia 4 S. 578 ff.
Salvioli, Storia S. 608 ff.

VII. Die Testierfähigkeit des Bastards und das Erbrecht der Eltern

In diesem Zusammenhang erscheinen die Fragen: konnte der Bastard über sein Vermögen verfügen, wurde er von seinen Kindern und bei Kinderlosigkeit von seinen Eltern, bzw. deren Verwandten beerbt — berechtigt.

Die Landesgesetzgebung und die Statuten waren in der Frage der Testierfähigkeit eines Bastardes nicht einheitlich, da auch

---

[292] Vgl. MGH LL 5 (1889) S. 343, Lex Romana Rhaetica Curiensis Lib. IV cap. VI De naturalibus filiis et matribus eorum.

[293] Vgl. Arrigo Solmi, Studi storici sulle istituzioni della Sardegna nel Medioevo (1917) S. 184 ff.

[293a] Vgl. Pertile, Storia 4 S. 587 Anm. 35.

fiskalische Erwägungen eine gewisse Rolle spielten. Es ist wohl anzunehmen, daß er ursprünglich nicht über sein Vermögen verfügen konnte [294]. Jedoch wurde in den Statuten von Ascoli Piceno den figlioli naturali ausdrücklich zugestanden, daß sie ihre Eltern als Erben einsetzen konnten [295]. Ferner bestimmte Emanuele Filiberto für Savoyen unter Aufgabe seines droit de bâtardise, daß die Bastarde rechtsgültig testieren konnten. Starben sie aber ohne Testament und ohne eheliche Abkömmlinge und Verwandte, erbte der Seigneur Justicier [296]. Man kann aber annehmen, daß, wie die Beispiele zeigen, die Unehelichen, besonders, wenn sie selbst eheliche Nachkommen hatten, in der Lage waren, über ihren Nachlaß letztwillig zu verfügen [297], wie auch ihre Kinder erbberechtigt waren. Starb der Bastard ohne Nachkommen, so wurde er nach späterem langobardischem Recht von den Eltern beerbt [298]. In Florenz wurden die Ehefrauen — Konkubinen und die Bastarde selbst aus einem legitimo concubinato — dem Fiskus vorgezogen. Ebenso wurden die Bastarde von ihren Verwandten, als wären sie ehelicher Geburt, mit Ausschluß des Fiskus beerbt [299]. Ähnliche Bestimmungen trafen

[294] Vgl. Salvioli, Storia S. 543 und Pertile, Storia 4 S. 23 ff.

[295] Vgl. Ludovico Zdekauer e Pietro Sella (1910) Statuti di Ascoli Piceno S. 12 Lib. I cap. 11.

[296] Vgl. Pertile, Storia 4 S. 23 Anm. 30 und S. 82 Anm. 86.

[297] Vgl. L. Morillot, Des Enfants ... S. 542. In Neapel Testamentsfähigkeit der Bastarde anerkannt.

[298] Vgl. Pertile, Storia 4 S. 42 Anm. 85; MGH LL IV (1868) S. 593, Quaestiones ac Monita § 30. Homo de adulterio natus, si mortuus fuerit sine filiis et filiabus, aut sine testamento, justum est, ut ipse qui plus propinquus fuerit, sive parte patris, sive parte matris, illi succedat. Quod si aequales parentes fuerint, similiter succedant.

[299] Vgl. Eduard Gans, Erbrecht 3 (1829) S. 300.

die Statuten von Bologna. Besonders ausführlich wurde in Genua die Erbfolge der Bastarde behandelt [300]. Die Väter konnten ihre anerkannten Bastarde ab intestato bei deren Kinderlosigkeit ebenso wie die Agnaten beerben. Die Mutter war auf ein lebenslängliches Nießbrauchrecht beschränkt. Sowohl der Fiskus, wie auch das droit de Batârdise erhoben Anspruch auf den Nachlaß eines ohne Erben und ohne Testament verstorbenen Bastarden [301]. In Neapel wurde der Bastard von der Erbschaft seines Vaters ausgeschlossen, jedoch nicht von der Erbschaft der Mutter und deren Verwandten, wenn keine legitimen Söhne vorhanden waren. Die Erbschaft eines ohne Testament verstorbenen Bastards fiel an den Fiskus. Hatte er aber ein Testament gemacht, so galt dieses [302].

Im allgemeinen spielte bei der Beurteilung der Erbrechtsfrage der Umstand eine wesentliche Rolle, inwieweit der Vater bzw. die Mutter mit dem Bastarden als verwandt galt; jedoch war eine rechtlich anerkannte Verwandtschaft durch eine einfache Unterhaltsverpflichtung nicht immer gegeben.

Literatur:
Pertile, Storia 4 S. 23 ff.
Salvioli, Storia S. 542.

---

[300] Vgl. Hist. Patriae Monumenta, Tom. XVIII (1901) S. 892 ff. Leges Genuenses, ed. Victorius Poggi Lib. V. cap. CXXIIII.

[301] Vgl. L. Morillot, Des enfants ... S. 542 und Pertile, Storia 4 S. 83: Quod non tollit Christus, tollit fiscus.

[302] Vgl. G. Morillot, Des Enfants ... S. 541/542; Eduard Gans, Das Erbrecht 3 (1829) S. 300; in Florenz werden die Bastarde von ihren Verwandten ebenso beerbt, als wären sie ehelicher Geburt, mit Ausschluß des Fiskus.

SCHLUSSBETRACHTUNG

Das uneheliche Kind hat in der Geschichte und Kultur Italiens eine große Bedeutung gehabt. In dem Raume der italienischen Halbinsel, die unsere Darstellung berücksichtigt, lassen sich ohne weiteres drei verschiedene Zonen — Ober-, Mittel- und Unteritalien — unterscheiden, von denen jede ihre eigene geschichtliche Entwicklung hatte.

Der Einbruch der Langobarden in Norditalien schuf im Laufe der Jahrhunderte ein neues Volk, das durch den Übertritt der Langobarden zum katholischen Glauben und durch die ungehinderten Heiraten zwischen Römern und Langobarden entstanden ist. Das ursprünglich vom germanischen Recht beeinflußte Edikt Rotharis hatte den Bastarden nicht unbeträchtliche Rechte auf dem Gebiet des Familien- und Erbrechtes gesichert. Die strenge Ethik der katholischen Kirche beeinflußte aber in weitgehendem Maße die Gesetzgebung des langobardischen Staates. Das Edikt Liutprands nahm den Bastarden ihre anerkannten Rechte und schuf aus ihnen eine Sonderklasse, die sich nicht im Vollbesitz der bürgerlichen Rechte befand. Diese Entwicklung war umso leichter, als die Kirche mit Erfolg die Regelung des gesamten Ehe-, Familien- und Erbrechts nebst der Gerichtsbarkeit für sich beanspruchte. In Konzilien und Synoden unter Mitwirkung der Fürsten und weltlichen Großen wurde dieser Standpunkt festgehalten. Dazu kam noch, daß die

Kirche mit Erfolg bestrebt war, der höheren Geistlichkeit die Ehe zu versagen und das Zölibat im Kirchen- und Staatsrecht zu verankern.

Auch in Mittelitalien machte sich der gleiche Einfluß geltend. Mitte des elften Jahrhunderts war somit der Bastard rechtlos geworden, zumal die justinianische Gesetzgebung über das Konkubinat, die Bastarde und deren Legitimierung vollkommen in Vergessenheit geraten war.

In Unteritalien und den Inseln hatten die dauernden Kämpfe zwischen den schwachen langobardischen Fürstentümern, den Griechen und Sarazenen, zu keiner politischen Konsolidierung geführt. Eine systematische Rechtsentwicklung war unter diesen Umständen nicht gegeben und setzte erst mit der Gründung des Normannenreiches ein.

Wenn nun auch die Kirche in gewissem Umfang das Gebot der christlichen Nächstenliebe zunächst ignoriert hatte, hat sie doch die Initiative zu einer Besserstellung des Bastardes ergriffen.

Zunächst hatte die Kirche unter Papst Alexander III. anläßlich des dritten Laterankonzils 1179 die legitimatio per subsequens matrimonium des justinianischen Rechtes für das kanonische Recht anerkannt. Da die Kirche unbestritten die Ehegesetzgebung ausübte, galt sie ohne weiteres als befugt, auch für den bürgerlichen Wirkungskreis einer solchen nachträglichen Eheschließung rechtliche Bestimmungen zu treffen. In dem damaligen Italien erhob sich kein Widerspruch gegen die Einwirkung des geistlichen Rechtes in das rein weltliche Gebiet der damit verbundenen Ansprüche des auf diese Weise legitimierten

Bastardes. Er wurde damit ein voll berechtigtes Mitglied der bürgerlichen Gesellschaft.

Ein weiterer Schritt auf dem Wege der Besserstellung der Bastarde erfolgte durch das von Innocenz III. übernommene und von ihm ausgestaltete Legitimationsrecht der ursprünglich justinianischen Legitimatio per rescriptum principis. Für ihn bedeutete es auch eine Möglichkeit, durch dieses Mittel die päpstliche Omnipotenz erheblich zu steigern. Die Ursache war die Bitte König Philipp Augusts von Frankreich, seine mit Agnes von Meranien erzeugten illegitimen Kinder für legitim zu erklären. Die am 2. XI. 1201 erlassene Urkunde ist das älteste päpstliche Legitimationsreskript. Der Papst leitete aus seinem Dispensationsrecht in spiritualibus ein Legitimationsrecht in temporalibus ab. Den Grundsatz, daß dieses päpstliche Legitimationsrecht weder materiell noch territorial beschränkt war, konnte die Kirche in keiner Weise durchsetzen.

Der mittelalterliche Staat hatte sich im Laufe der Zeit soweit entwickelt, daß er seine Hoheitsrechte im Innern selbst wahrnehmen und die Rechte und Pflichten seiner Untertanen von sich aus selbständig bestimmen konnte. So nahm er mit Erfolg grundsätzlich das Recht der Legitimierung der Bastarde ad temporalia für sich in Anspruch.

Die rasche umfassende wirtschaftliche Entwicklung Italiens bedingte eine reiche ständische Gliederung mit fließenden Grenzen, innerhalb deren der Bastard allmählich sein Unterkommen fand. Die Legitimierung per rescriptum principis wurde durch die späteren deutschen Kaiser gewissermaßen kommerzialisiert, an die verschiedensten Stellen deligiert und bereitete so keine Schwierigkeiten.

Allerdings spielte hier weniger die christliche Ethik, als das Geld eine beherrschende Rolle. Die Kirche blieb auf weltlichem Gebiet auf das Legitimationsrecht ihrer Untertanen im Kirchenstaate beschränkt. Dagegen blieb ihr die Regelung des Eintrittes der Bastarde in den Kirchendienst und deren weitere geistliche Laufbahn vorbehalten. Bei der Gesamtwürdigung dieser Frage machen sich die strukturellen Unterschiede in der Bevölkerung der verschiedenen Gegenden Italiens geltend. In Nord- und Mittelitalien herrschten zunächst die Städte, die ihre Freiheiten in langwierigen Kämpfen mit den Hohenstaufen behaupten und ausbauen konnten. Einen beherrschenden Einfluß übten sie ferner durch ihre Handelspolitik und durch ihre wirtschaftliche Entwicklung aus. Im Süden schufen die Normannen einen straff gegliederten feudalen Staat. Hier standen die Städte unter der direkten Verwaltung der Herrscher und waren in der Entwicklung ihrer Immunität durch nur vereinzelt erteilte Privilegien weitgehend beschränkt. Diese Umstände wirkten hemmend. Immerhin haben die Staufer und die ihnen nachfolgenden Herrscherhäuser von Neapel und Sizilien von ihrem Legitimationsrecht eifrig Gebrauch gemacht.

Die zunehmende Verweltlichung des Papsttums, gefördert durch die Gegensätze zwischen Avignon und Rom, die vergeblichen Bemühungen des Konzils von Konstanz und die Verhältnisse am päpstlichen Hof im 14. und 15. Jahrhundert, ließen ein Zeitalter der Bastarde entstehen, wozu noch in besonderem Maße die glänzende wirtschaftliche Entwicklung Italiens beitrug.

Auf diesen Grundlagen entstand das Zeitalter der Renaissance. Der Staat entwickelte sich zu einem Kunstwerk. Republiken wie Venedig und Florenz bestanden neben Kondottieren, kleineren und größeren Herrscherhäusern.

Die Entwicklung der eigenen Persönlichkeit schuf den denkenden, seiner selbst bewußten Menschen, der ohne Rücksicht auf seine Abstammung, wie zum Beispiel Leonardo da Vinci und Boccaccio, unsterbliche Werke schaffen konnte.

Münchener Beiträge
zur Mediävistik und Renaissance-Forschuug

1. Gabriel SILAGI, Untersuchungen zur „Deliberatio supra hymnum trium puerorum“ des Gerhard von Csanád (1967) 107 S., vergriffen.
2. Günter BERNT, Das lateinische Epigramm im Übergang von der Spätantike zum frühen Mittelalter (1968) 333 S., vergriffen.
3. Rosemarie HERDE, Das Hohelied in der lateinischen Literatur des Mittelalters bis zum 12. Jahrhundert (1968) 122 S., vergriffen.
4. Elisabeth HEYSE, Hrabanus Maurus' Enzyklopädie „De rerum naturis“. Untersuchungen zu den Quellen und zur Methode der Kompilation (1969) 163 S., vergriffen.
5. Günter GLAUCHE, Schullektüre im Mittelalter. Entstehung und Wandlungen des Lektürekanons bis 1200 nach den Quellen dargestellt (1970) 147 S., vergriffen.
6. Anke EBEL, Clm 17142. Eine Schäftlarner Miscellaneen-Handschrift des 12. Jahrhunderts (1970) 173 S., vergriffen.
7. Detlef ILLMER, Formen der Erziehung und Wissensvermittlung im frühen Mittelalter. Quellenstudien zur Frage der Kontinuität des abendländischen Erziehungswesens (1971) 193 S., vergriffen.
8. Jürgen ZIESE, Historische Beweisführung in Streitschriften des Investiturstreites (1972) 235 S., DM 14,—, ISBN 3920128079.
9. Sigrid KRÄMER, Die sogenannte Weihenstephaner Chronik. Text und Untersuchung (1972) 340 S., DM 15,—, ISBN 3920128087.
10. Fanny LEMOINE, Martianus Capella. A Literary Re-evaluation (1972) 245 S., vergriffen.
11. Natalia DANIEL, Handschriften des zehnten Jahrhunderts aus der Freisinger Dombibliothek. Studien über Schriftcharakter und Herkunft der nachkarolingischen und ottonischen Handschriften einer bayerischen Bibliothek (1973) 189 S. 19 Taf., vergriffen.

Arbeo-Gesellschaft D-8061 Bachenhausen

Münchener Beiträge zur Mediävistik und Renaissance-Forschung

12. Eva GOTTSCHALLER, Hugeburc von Heidenheim. Philologische Untersuchungen zu den Heiligenbiographien einer Nonne des achten Jahrhunderts (1973) 106 S., DM 8,—, ISBN 3920128111.
13. Ursula HAHNER, Cassiodors Psalmenkommentar. Sprachliche Untersuchungen (1973) 348 S., DM 18,—, ISBN 3920128133.
14. Gerhard SCHNEIDER, Erzbischof Fulco von Reims (883-900) und das Frankenreich (1973) 261 S., DM 15,—, ISBN 3920128141.
15. Claudia NAUERTH, Agnellus von Ravenna. Untersuchungen zur archäologischen Methode des ravennatischen Chronisten (1974) 154 S., DM 12,—, ISBN 392012815X.
16. Elizabeth WAINWRIGHT, Studien zum deutschen Prozessionsspiel. Die Tradition der Fronleichnamsspiele in Künzelsau und Freiburg und ihre textliche Entwicklung (1974) 292 S., DM 15,—, ISBN 3920128168.
17. Karl-Bernhard KNAPPE, Repräsentation und Herrschaftszeichen. Zur Herrscherdarstellung in der vorhöfischen Epik (1974) 299 S., vergriffen.
18. Jörg KASTNER, Historiae fundationum monasteriorum. Frühformen monastischer Institutionsgeschichtsschreibung im Mittelalter (1974) 186 S., DM 24,—, ISBN 3920128192.
19. Annethe LOHAUS, Die Merowinger und England (1974) 178 S., 10 Tafeln, DM 24,—, ISBN 3920128206.
20. Ursula PENNDORF, Das Problem der „Reichseinheitsidee" nach der Teilung von Verdun (843). Untersuchungen zu den späten Karolingern (1974) 204 S., DM 30,—, ISBN 3920128214.
21. Herrad SPILLING, Die Visio Tnugdali. Eigenart und Stellung in der mittelalterlichen Visionsliteratur bis zum Ende des 12. Jahrhunderts (1975) 240 S., DM 30,—, ISBN 3920128222.

Arbeo-Gesellschaft D-8061 Bachenhausen

Münchener Beiträge zur Mediävistik und Renaissance-Forschung

22. Carol D. LANHAM, Salutatio Formulas in Latin Letters to 1200: Syntax, Style and Theory (1975) 140 S., DM 20,— ISBN 3920128230.

23. Hansjakob BECKER, Das Tonale Guigos I. Ein Beitrag zur Geschichte des liturgischen Gesanges und der Ars Musica im Mittelalter (1975) 283 S., DM 28,—, ISBN 3920128249.

24. Rainer REICHE, Ein rheinisches Schulbuch aus dem 11. Jahrhundert. Studien zur Sammelhandschrift Bonn UB. S 218 (1976) 495 S., DM 38,—, ISBN 3920128265.

25. Michael BORGOLTE, Der Gesandtenaustausch der Karolinger mit den Abbasiden und mit den Patriarchen von Jerusalem (1976) 167 S., DM 20,—, ISBN 3920128273.

26. Michael BERNHARD, Goswin Kempgyn de Nussia, Trivita studentium. Eine Einführung in das Universitätsstudium aus dem 15. Jahrhundert (1976) 112 S., DM 12,—, ISBN 3920128257.

27. Pádraig A. BREATNACH, Die Regensburger Schottenlegende — Libellus de fundacione ecclesie Consecrati Petri. Untersuchung und Textausgabe (1977) 325 S., DM 38,—, ISBN 3920128281.

Beiheft

Bernhard BISCHOFF, Lorsch im Spiegel seiner Handschriften. Allein lieferbarer Sonderdruck aus der Festschrift: Die Reichsabtei Lorsch 764-1964, Band 2 (seit 1964 im Druck). Der Sonderdruck wurde 1974 veranstaltet (128 S., 14 Tafeln, DM 25,—), ISBN 3920128176.

Arbeo-Gesellschaft D-8061 Bachenhausen